JN273501

英語教師のための
文法指導デザイン

田中武夫・田中知聡 著

*Designing of English Classrooms * Grammar Teaching*

大修館書店

はじめに

■ 本書の目的

　英語の文法指導で悩んでいる教師は少なくありません。例えば，文法指導を行うとき，何をどのような順序で教えればよいのか，指導方法にはどのようなバリエーションがあるのか，いくつもある指導方法の中でなぜその方法がよいのか，生徒の文法知識を評価するにはどのように行えばよいのか，など実に様々な悩みがあります。

　実際の授業で行われている文法指導に目を向けてみると，文法の形式しか説明されず，どのような場面でその文法が使われるのか生徒はわからないまま進められる授業があったり，コミュニケーションでのやりとりが重視されるあまり，生徒の誤った表現は置き去りにされたまま進められる授業があったりします。

　英語のコミュニケーション能力を育成するためには，コミュニケーションを支える文法をどのように指導するべきかという議論は欠かすことができません。これまでの文法指導に関連する第二言語習得研究や教授法研究を概観する中で見えてきたことは，実際のコミュニケーションの場面で学んだ文法を生徒が使うことを教師がしっかりとイメージしながら，文法指導をデザインしていくことが大切であるということです。そこで，教師は具体的に何を準備し，どのように授業を行い，どのように文法知識の評価を行えばよいのか，英語教師の指針となる基本的なアイデアをできるだけシンプルな形でまとめることにしました。

■ 本書の構成

　本書は，次の7つの章から構成されています。

第1章　コミュニケーションを支える文法の指導
第2章　文法指導のための教材研究をしよう
第3章　生徒把握と指導目標について考える
第4章　文法指導のステップについて考える
第5章　文法指導の展開をシンプルにする
第6章　タスクを使った文法指導を考える
第7章　コミュニケーションのための文法をテストする

　第1章では，よりよい文法指導をデザインするためには，文法指導はコミュニケーションを支える文法を指導するものであると捉えることが重要であることを解説します。第2章では，よりよい文法指導を考える準備として，文法の特徴を捉える方法を具体的に見ます。第3章では，生徒の把握と指導目標の設定について見ていくことにします。第4章では，文法指導を，導入・説明・練習・活動に分け，文法指導のそれぞれのステップにおいてどのような工夫ができるか具体的に見ていきます。第5章では，どのような流れで1つの授業を組み立てればよいかを具体的な指導展開例を提示しながら解説します。さらに第6章では，コミュニケーションを最優先するタスクにおいて文法指導をどのように行うことができるかを解説します。そして第7章では，コミュニケーションのための文法のテストづくりについて具体的な例を紹介します。

■　**本書の特徴**

　本書のもっとも大きな特徴は，次の3つです。1つ目は，文法指導をコミュニケーションに生かせるようにするために，私たち教師はいったい何をどうすればよいのか，という視点から文法指導を捉えようとしている点にあります。文法指導は，指導に工夫がなければ文法規則を単なる記号として教えるような退屈な指導になってしまいます。文法指導が否定的に捉えられることもありますが，文法指導はコミュニケーションに必ず役立つという信念で，これまでの文法指導において工夫できるところを整理することにしました。
　2つ目の特徴は，文法指導をできるだけ包括的に整理している点です。文

法指導では，一般的に，対立するアプローチを比較したり，局所的な指導方法に焦点を当てたりして研究が行われる傾向にあります。しかし，本書では，文法指導のより良いあり方を考えるためには，包括的に文法指導を捉える視点が欠かせないと考えました。文法指導の準備である教材研究から始まり，指導目標の設定や生徒の把握の仕方，文法指導の方法，コミュニケーションの中での文法指導のあり方，そして，生徒の文法知識の評価まで，英語教師が文法指導を行う上で必要となるプロセスに関する情報を提示します。文法指導の授業計画を考える際のリファレンスとして本書を手元に置いていただければ幸いです。

　3つ目の特徴は，読者のみなさんが文法指導のアイデアが湧いてくるよう，文法指導のヒントや情報の提示を具体的にするように心がけました。ちょっとした工夫であったとしても，教師も生徒も知的に楽しいと思える文法指導になることがあります。本書では，生徒の目が輝く文法指導をしてみたい，少しの工夫で指導を変えることができそうだ，と思っていただけるように具体例の提示にこだわりました。また，指導のバリエーションを増やすためのヒントをプラスアルファの情報として紹介したり，よくある教師の疑問に答えるQ&Aのセクションを設けたり，専門的な情報を提供するために英語教育コラムで解説したりしました。

■　本書の想定する読者

　本書が想定する読者は，次の通りです。文法指導が苦手だと感じている教師，文法指導をもっと深めたい，知的好奇心をくすぐるような指導を行ってみたい，スムーズに指導を行いたいと思っている教師，文法指導のイメージがまだできていない教師を目指す学生の方に，ぜひとも読んでいただき，文法指導はなんだか面白そう，奥が深いな，自分だったらここを工夫してみたいと思っていただきながら，本書を読んでもらいたいと思います。

　文法指導で迷ったとき，指導のアイデアが浮かばないとき，本書をパラパラとめくって指導のヒントが得られるような本になれば幸いです。

　本書の出版にあたり，Gerard Allen 先生（山梨大学）に本書の英文を校閲していただきました。あらためてここに感謝いたします。また，大修館書店

編集部の須藤彰也氏には，本書の企画段階から出版に至るまで終始お付き合いいただき，大変お世話になりました。心から感謝いたします。

平成 26 年 5 月 5 日

田中 武夫・田中 知聡

目　次

はじめに………………………………………………………………… iii

第1章　コミュニケーションを支える文法の指導 …………… 3
1.0　文法指導における課題 ……………………………………… 4
1.1　文法指導のゴールを意識する ……………………………… 8
1.2　文法指導のステップを意識する …………………………… 12
1.3　本書の構成について ………………………………………… 16
　(1)　コミュニケーションを支える文法の指導　16
　(2)　文法指導のための教材研究をしよう　16
　(3)　生徒把握と指導目標について考える　16
　(4)　文法指導のステップについて考える　16
　(5)　文法指導の展開をシンプルにする　18
　(6)　タスクを使った文法指導を考える　18
　(7)　コミュニケーションのための文法をテストする　18
　英語教育コラム①：第二言語習得における文法指導の役割 ……… 20

第2章　文法指導のための教材研究をしよう ………………… 23
2.0　文法の特徴について考えてみよう ………………………… 24
2.1　使用場面を考えてみよう …………………………………… 28
2.2　前後の文脈を考えてみよう ………………………………… 30
2.3　類似の文法項目と比較してみよう ………………………… 32
2.4　適切な例文を考えてみよう ………………………………… 34
2.5　文法の特徴の捉え方の具体例 ……………………………… 38
　(1)　過去進行形の教材研究　38
　(2)　仮定法過去の教材研究　40
　(3)　関係代名詞の教材研究　42
　(4)　現在完了（経験用法）の教材研究　44

(5) 助動詞 will の教材研究　46
    (6) 比較級の教材研究　48
  英語教育コラム②：Grammaring と文法指導 ……………………… 50

第3章　生徒把握と指導目標について考える ……………………… 53

  3.0　生徒を把握し，指導目標を設定する ……………………… 54
  3.1　生徒の実態について考える ………………………………… 56
    (1) クラスの実態を考える　56
    (2) 文法学習に対する生徒の実態を考える　58
    (3) 生徒の文法知識や技能のレベルを考える　59
    (4) 生徒の興味関心を考える　60
  3.2　指導目標について考える …………………………………… 62
  3.3　目標を考える前に知っておきたいこと …………………… 64
    (1) 文法には形式・意味・使用の側面がある　64
    (2) 文法の知識と技能は異なる　64
    (3) 理解と表現の2つの処理がある　65
  3.4　指導目標の表現を具体的にする …………………………… 66
    (1) 知識としての文法という観点から考える　67
    (2) 技能としての文法という観点から考える　68
  英語教育コラム③：アフォーダンスと文法指導 …………………… 70

第4章　文法指導のステップについて考える ……………………… 73

  4.0　文法指導のステップを考える ……………………………… 74
  4.1　導入：「何だろう？」をつくり出す ……………………… 78
    (1) オーラルイントロダクションを行う　80
    (2) オーラルインタラクションを行う　84
    (3) ALT とのティームティーチングを活用する　88
    (4) 日本語で場面設定をする　90
    (5) 教科書本文を活用する　94
  4.2　説明：「なるほど！」をつくり出す ……………………… 98
    (1) 例文をシンプルにする　102
    (2) 生徒に気づかせながら説明する　104

(3) 既習の文法と比較して説明する　108
　　(4) 絵や図をうまく使って説明する　110
　　(5) 説明後の活動に役立つように説明する　114
4.3　練習：「できそう！」と感じさせる　　　　　　　　　　　　　116
　　(1) 機械的な練習で形式を定着させる　120
　　(2) 意味的な練習で形式と意味を結びつける　126
　　(3) ステップを踏んで練習を行う　134
4.4　活動：「できた！」と感じさせる　　　　　　　　　　　　　　136
　　(1) 自己表現活動：自分に関連することを活用する　140
　　(2) インフォメーションギャップ　146
　　(3) スキット：自然な場面を想像させる　152
　　(4) プロジェクト：準備して表現させる　158
英語教育コラム④：アイテム学習とシステム学習　　　　　　　　　162

第5章　文法指導の展開をシンプルにする　　　　　　　　　　165

5.0　指導展開をシンプルにしよう　　　　　　　　　　　　　　　166
5.1　小学校での指導展開例　　　　　　　　　　　　　　　　　　170
　　"What 〜 do you like?" の指導　170
5.2　中学校での指導展開例　　　　　　　　　　　　　　　　　　176
　　過去進行形の指導　176
5.3　高校での指導展開例　　　　　　　　　　　　　　　　　　　186
　　比較表現の指導　186
英語教育コラム⑤：宣言的知識と手続的知識　　　　　　　　　　196

第6章　タスクを使った文法指導を考える　　　　　　　　　　199

6.0　コミュニケーションの中で文法を使いながら学ぶ　　　　　　200
6.1　「タスク」とは何かを知ろう　　　　　　　　　　　　　　　202
6.2　身近なタスクを具体的に考えよう　　　　　　　　　　　　　206
6.3　焦点化されたタスクを考えよう　　　　　　　　　　　　　　210
6.4　タスクにおける文法指導を考える　　　　　　　　　　　　　214
英語教育コラム⑥：Dual mode system と Trade-off　　　　　　　224

第7章　コミュニケーションのための文法をテストする ……227

- 7.0　コミュニケーションのための文法テストとは ……………228
- 7.1　選択式テストの具体例 ……………………………………234
  - (1) 場面や文脈を示す　234
  - (2) 会話文を活用する　235
- 7.2　記述式テストの具体例 ……………………………………236
  - (1) 場面や文脈を示す　236
  - (2) 会話文を活用する　237
  - (3) イラストを活用する　237
- 7.3　記述式テストの採点例 ……………………………………238
  - (1) 文レベルの記述式テスト　238
  - (2) ディスコースレベルの記述式テスト　239
- 7.4　パフォーマンステストの具体例 …………………………242
  - (1) スピーキングテストの場合　244
  - (2) ライティングテストの場合　246

英語教育コラム⑦：転移適切性処理と文法指導……………………248

参考文献……………………………………………………………250

英語教師のための文法指導デザイン

コミュニケーションを支える文法の指導

1

▼

1.0 文法指導における課題　4

▼

1.1 文法指導のゴールを意識する　8

▼

1.2 文法指導のステップを意識する　12

▼

1.3 本書の構成について　16

1.0 文法指導における課題

■ 文法指導における3つの課題

　文法指導に関する課題を見てみることにしましょう。文法指導でよくある教師の悩みを挙げてみました。どの項目にチェックが入るでしょうか。

```
┌─────────── 文法指導に関する教師の悩み ───────────┐

    文法指導を行う上でどのような悩みがありますか。確認してみましょう。

    □　生徒に文法を教えるべきかどうか迷いがある
    □　生徒に英語を使わせるだけで授業が終わってしまう
    □　文法に関するフィードバックの方法がわからない
    □　コミュニケーション活動をしても生徒の英語力が伸びない気がする
    □　文法の学習は宿題として取り組ませることが多い

    □　文法説明で使う例文を精選できていない
    □　文法説明が一方的になってしまうことが多い
    □　文法説明に時間がとられて授業時間が足りない
    □　文法を使った活動をさせることにあまり興味をもてない
    □　活動をさせると文法ミスが多く，活動の意義がわからなくなる

    □　文法を指導することが苦手である
    □　自信をもって文法説明ができない
    □　クリエイティブに文法説明や活動を考えることができない
    □　日々教科書を終わらせることに終始している
    □　文法を生徒に使わせる場面がほとんどない
```

これらの悩みから，次の3つの課題が見えてきます。

1) コミュニケーションを重視しすぎる
　文法指導に関わる1つ目の課題としては，コミュニケーションを重視した指導を行っているにもかかわらず，生徒の文法の知識をつける指導と十分に連携できていないという課題が挙げられます。せっかくコミュニケーション活動を授業で行っていても，コミュニケーション活動と文法指導の連携が十分でないために，生徒の英語力が伸びないという教師の悩みが考えられます。

2) 文法を重視しすぎる
　2つ目の課題は，日頃から文法の説明に十分時間を割いてはいるが，文法説明からコミュニケーション活動にうまくつなげることができていないという課題です。せっかく丁寧に文法を教えていても，文法がコミュニケーションに役立つという実感を教師自身がもてないために，生徒が積極的に取り組めるコミュニケーション活動を考案できないという悩みが考えられます。

3) 文法指導のポイントがわからない
　文法指導に関わる3つ目の課題は，教師も生徒もコミュニケーション活動や文法指導に対して興味をもてず，一方的な授業になってしまい，生徒の態度が受け身的になってしまうという課題です。その理由として，教師自身がコミュニケーション活動や文法指導のポイントがつかめておらず，そのためにどのように工夫すればよいか具体的なアイデアが浮かばないという悩みが考えられます。

　このような文法指導の課題の背景には，どのような問題があるのでしょうか。次に，英語教育における文法指導の現状について考えてみることにしましょう。

■　文法指導の現状

　文法指導には，現在，大きく分けて2つの問題点があります。1つ目は，何のために文法を教えているのかがあいまいである点です。最終的なゴールを教師がイメージしないまま文法指導をしているため，指導方法や評価方法があいまいになっている場合があります。目的が明確でなければ生徒に文法を学ぼうとする意欲をもたせることは難しくなります。

　文法指導の2つ目の問題点は，ゴールに向けたステップが一貫していない点です。授業の中での，文法指導の導入から説明，練習，活動といった指導展開の流れが一貫していなかったり，それぞれの展開の中でステップがしっかりと組まれていなかったりするために，生徒が十分に学ぶことができていない場合があります。指導のステップが一貫していなければ，効率よく指導目標に到達させることは難しくなります。

　これらの文法指導における2つの課題を図にすると，次のようになります。

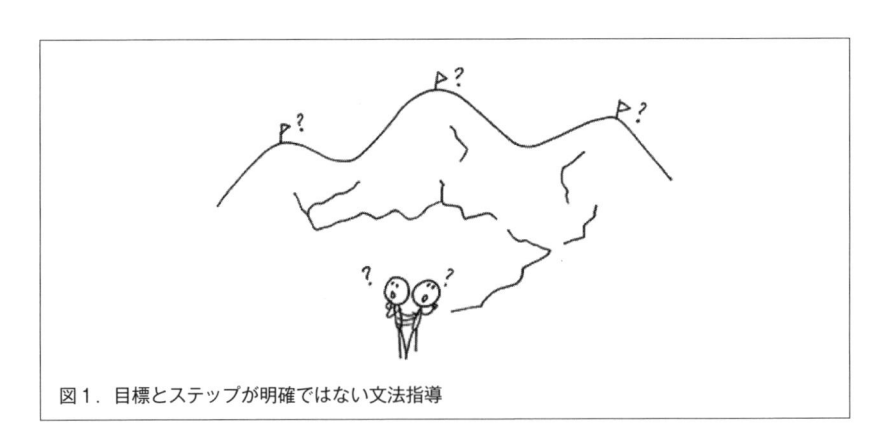

図1．目標とステップが明確ではない文法指導

　文法指導の問題を山登りにたとえると，どの頂上に登るのかはっきりしないまま，どのルートをどのような行程で登るのかわからないような状態です。これは，日々の授業を組み立てていく上で大きな課題になってきます。

■　文法指導のゴールとステップを考えよう

　では，どのような文法指導を行えばよいのでしょうか。次の図2を見てみましょう。

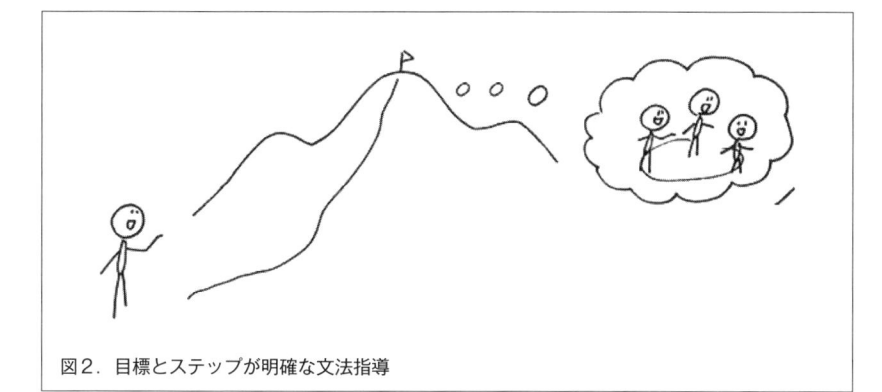

図2．目標とステップが明確な文法指導

　目標とする頂上がはっきりとしていれば，そのゴールに向かってどのルートをどのような行程で登ればよいのか計画できるようになります。つまり，文法指導のゴールである指導目標が明確になれば，ステップである指導内容や方法をしっかりと考えた文法指導を行うことができるようになるのです。

　文法指導のゴールをイメージするためには，文法がいつどのような場面で使われるのかを具体的に考えることが必要です。それは，生徒にどのようなことができるようになってほしいかを具体的にイメージすることでもあります。ゴールである指導の最終目標がイメージできれば，生徒にどのような力をつけさせるのか，どのような順でどのような方法で指導をするべきかというステップを計画することができます。

1.1 文法指導のゴールを意識する

■ コミュニケーションを支える文法

　私たちは何のために文法を学ぶのでしょうか。文法を学ぶのは，高校受験や大学受験で高得点を取るためという考え方もあるでしょう。しかし，それだけでは文法は単に記憶の対象にすぎず，受験が終われば役目は終わります。学んだ文法が実際にどのように役立つのかわからないままでは，生徒は文法を学ぶ本当の意義を見いだすことはできません。

　文法指導のカギは，コミュニケーションを行うために文法が支えとなり役立つことを生徒に実感させることにあります。

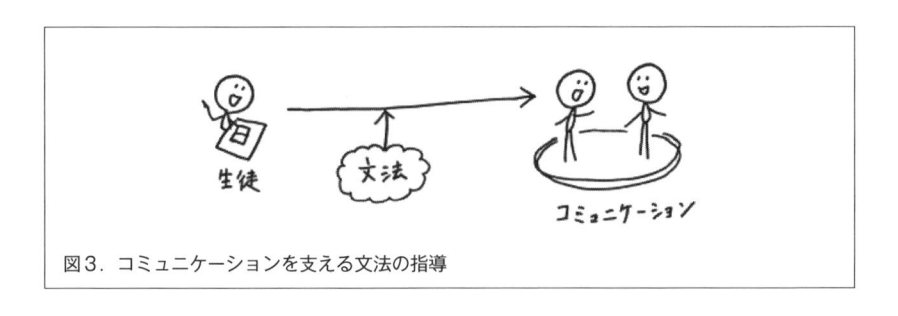

図3．コミュニケーションを支える文法の指導

　私たちが文法を身につけることで，少なくとも次の3つのことができると考えられています（Halliday, 1985 を参考）。

1) 情報を正確に伝えることができる
2) 話し手の態度や感情を伝えることができる
3) 効率よく情報を伝えることができる

　つまり，文法を正しく身につけることができれば，豊かにコミュニケーションを行ったり，誤解を生じさせず円滑にコミュニケーションを行ったりすることができるのです。文法は単なるルールではなく，人と人とがメッセージのやりとりをするコミュニケーションにおいて，情報を正しく伝えたり，微

文法を身につけていれば…

☐ **情報を正確に伝えることができる**

例：現在完了形
（過去のある時点から現在まで状態がずっと続いていることを伝える）

I have lived here for eighty years.

☐ **話し手の態度や感情を伝えることができる**

例：助動詞 might
（ある出来事が起きる可能性をかなり控えめに話し手が考えていることを伝える）

She might come to the party tonight.

☐ **効率よく情報を伝えることができる**

例：関係代名詞

The movie is about a man who traveled around the world.

（情報を一文に凝縮して情報を伝えることができる）

妙なニュアンスを相手に伝えたりするための重要な役割を担っているのです。

　コミュニケーションを行うためには，文法が必要であるということを教師もしっかりと認識し，そのことを踏まえた上で文法指導を行うことが大切です。

1.1 文法指導のゴールを意識する

第 1 章　コミュニケーションを支える文法の指導

■ どのように文法を捉えるか

　私たち英語教師は，どのように文法を捉えて指導を行っていけばよいのでしょうか。文法指導の導入の場面を振り返ってみると，私たちがどのように文法を捉えているかを垣間見ることができます。例えば，受動態の場合を考えてみましょう。以下のような文法説明が行われることが多いのではないでしょうか。

Example 1

　受動態は，「be 動詞＋動詞の過去分詞形＋by～」という形で「～によって…される」という意味があります。

能動態　He made this kimono.（彼はこの着物を作った）

受動態　This kimono was made by him.
　　　　　　　　　　　　　　　　　（この着物は彼によって作られた）

　この例では，受動態の形を生徒に説明しており，「生徒が正確に受動態を作ることができるようにする」ということに教師の視点が向けられています。教師の視点が文法の形式だけに限られてしまうと，その文法が実際のコミュニケーションのどのような場面で，どのように役立つのかという視点は脇へ追いやられてしまいます。そうなると，生徒がコミュニケーションの中で生き生きと文法を活用している姿を，教師は想像することができなくなってしまいます。

　では，どのような視点で文法を捉えれば，コミュニケーションの場面を意識した，英語を活用させるための文法指導になるのでしょうか。次の Example 2 を見てみましょう。

　これは，会話の中で受動態が使われている場面の例です。目の前にある独創的な着物の写真を見せながら，その着物がどのようなものかを詳しく説明しているところです。この場合，"Look!"（見て）の視点の先は "this kimono" であり，"this kimono" が会話の話題となっています。次の文で主語となった "this kimono" を説明する流れの中で，受動態が使われています。つまり，受動態は，文脈の中で話題に上がった物が，他から何らかの影響を受ける場合に用いられるということがわかります。

　もし会話の中で "African designer" が先に話題に上がっていたとすれば，

Example 2

〈独創的な着物の写真を見せながら〉
Look! This kimono was made by an African designer and a Japanese kimono-maker. They used African material.
(*Compass English Communication I*, Lesson 3 本文をもとにした)

©WAFRICA

談話の流れから（a）の受動態の文ではなく（b）の能動態の文が選択されていたはずです。

(a) This kimono was made by an African designer.
(b) The African designer made this kimono.

このように受動態を自然な文脈の中で捉えることができれば，どのようなときに受動態が使われるのか具体的なイメージをもって指導をすることができます。教師が具体的な文法の使用場面をイメージすることができれば，文法指導において導入で使う例文をうまく選んだり，生徒の興味を刺激するような具体的なコミュニケーション活動を次々と発想したりできるようになってきます。

1.2 文法指導のステップを意識する

■ 文法指導の目標に向けたステップを組む

　文法指導の目標は，コミュニケーション能力の育成です。その実現のために実際の教育現場ではどのようなステップを考えていけばよいのでしょうか。

　文法指導は，一般的に，文法規則を生徒に説明することであるというイメージをもたれることが多いようです。しかし，教師が生徒に文法を説明することだけが文法指導ではありません。コミュニケーションを支える文法を指導する方策について考えていくためには，次のように広い視野で文法指導に関わる要素を考える必要があります。

1) コミュニケーション能力の育成—文法指導

　文法指導を考える上で大切なポイントは，文法を身につけてどのようなコミュニケーションができるようになるか考えてみることです。つまり，英語のコミュニケーション能力を育成する1つのステップとして文法指導があると考えることです。コミュニケーション能力を育成することを中心に置いた指導と，文法知識の育成を中心に置いた指導のつながりをつねに考えましょう。

2) 目標―指導―評価

　優れた指導の指標の1つに，目標・指導・評価が一貫していることがあります。文法指導においても，どのような指導目標を設定し，その目標達成に向けた指導をどのように行い，そして，指導した結果をどのように評価するのか，といった一貫したプロセスを考えましょう。そのためにも，まずは，明確な指導目標を設定することが，なによりも大切になってきます。

3) 準備―授業―振り返り

　良い授業を行うためには，教師による授業の準備や振り返りが欠かせません。文法指導の実施においても，授業の準備，授業の実施，授業の振り返りのステップを踏むことで，優れた文法指導を考案することができます。とくに，授業の準備段階において，新しく教える文法の特徴を多角的に捉えたり，生徒の実態を正確に把握したり，指導目標を具体的に設定したりすれば，授業展開を考えるヒントを見つけることができます。また，なぜ授業がうまくいったか，いかなかったのか振り返りを繰り返せば，教師の指導力を向上させることができます。

4) 導入―説明―練習―活動

　1つの授業には，導入・説明・練習・活動の展開があります。クラスの生徒全員が指導目標に到達するためには，どのように授業を展開すればよいか綿密に計画を立てましょう。授業の中では，文法指導の導入から説明，練習，活動といった授業展開の流れを一貫させて，効率的に指導目標に到達させることが大切です。

5) 展開の中のスモールステップ

　授業展開の1つひとつの活動の中でも，生徒全員が自信をもって活動に取り組めるようにスモールステップを組んで，活動を計画していくことが求められます。ステップの組まれていない文法指導が当たり前になってくると，文法が苦手，文法が嫌いという生徒が増えていってしまいます。スモールステップが不十分なまま，毎回の授業が繰り返されていくと，1つひとつはちょっとした問題であっても，最終的には文法に対し苦手意識をもたせる原因にになってしまいます。

　このように文法指導を考えるにあたり，さまざまなレベルでのステップがあることがわかります。

1.2 文法指導のステップを意識する

Q & A BOX

Q. 英語の授業は英語で行うという流れの中で，文法指導も英語で行うべきなのでしょうか。その場合，どのように対応すればよいのでしょうか。

A. 英語で授業をしたとしても生徒が理解できるような文法指導のあり方を考えることが重要であると考えます。従来型の授業をそのまま英語で置き換えて授業を行っても，うまくいかない可能性があります。文法指導に関して言えば，導入もせずに，教師が一方的に日本語で文法規則を教えているような授業を，すべて英語で行ったとしても，生徒は授業内容を理解することが難しいでしょう。

　英語で文法指導をするのであれば，生徒が文法の意味や働きに気づくことができるように工夫することが重要です。例えば，導入段階であれば，新しい文法の意味や働きを生徒が自然に気づくことができるように使用場面を工夫して提示したり，文法説明においては，提示する例文を精選して生徒の理解を促すように工夫したり，習った文法を使って生徒自身に関することを表現させる活動を行ったりすることで，教師も生徒も英語を使う場面を自然と増やすことができます。

　本書では，そのような文法指導においてどのような工夫ができるかを具体的に提示しています。読者が読みやすくなるように，具体例を日本語で提示しているところがありますが，英語で置き換えることができるように構成されています。ぜひ参考にしてみてください。

1.3　本書の構成について

　文法指導をデザインするためには，大きく捉えて，ゴールを考えることと，ステップを考えることの2つのポイントが重要であることを見ました。そこで，本書では，それぞれのポイントについて，次のように詳しく見ていくことにします。

(1)　コミュニケーションを支える文法の指導
　文法指導は，コミュニケーションを支える文法を指導するものであることを教師自身がつねに意識することが，よりよい文法指導をデザインするために，もっとも重要なことであることを本章で見ました。

(2)　文法指導のための教材研究をしよう
　教師が指導する前に文法の特徴を捉えることは，文法指導における教材研究にあたります。どのような特徴をもった文法なのかをしっかりと理解しておくことで，どの部分を重点的に教えるか，どのような例文や文脈を使って指導するか，どのような練習や活動が適切なのか，など指導を考えるための具体的なアイデアが生まれてきます。文法の特徴の捉え方については，第2章で詳しく見ていくことにします。

(3)　生徒把握と指導目標について考える
　今から教えようとしている生徒たちの実態を考え，今後どのような生徒に育っていってほしいかをイメージしたうえで，指導目標を設定します。生徒がどのように文法を習得するのかという習得のメカニズムや生徒の把握と指導目標の設定については，第3章で詳しく見ていくことにします。

(4)　文法指導のステップについて考える
　文法指導では，導入から始まり，説明，練習，活動といった文法指導の展開それぞれの役割があります。それらの展開において，どのようなことに注意して指導を行うべきかを具体的に知っておくことにより，教師は自信をもって指導に臨むことができます。この文法指導の展開については，第4章

1.3 本書の構成について

```
                    ┌─ 第1章：コミュニケーションを
                    │   支える文法の指導
         ┌ ゴールを ─┼─ 第2章：文法指導のための
         │  考える   │   教材研究をしよう
         │          └─ 第3章：生徒把握と指導目
文法指導 ─┤              標について考える
をデザイ  │
ンする    │          ┌─ 第4章：文法指導のステップ
         │          │   について考える
         │          │
         └ ステップを─┼─ 第5章：文法指導の展開を
            考える   │   シンプルにする
                    │
                    ├─ 第6章：タスクを使った文法
                    │   指導を考える
                    │
                    └─ 第7章：コミュニケーションの
                        ための文法をテストする
```

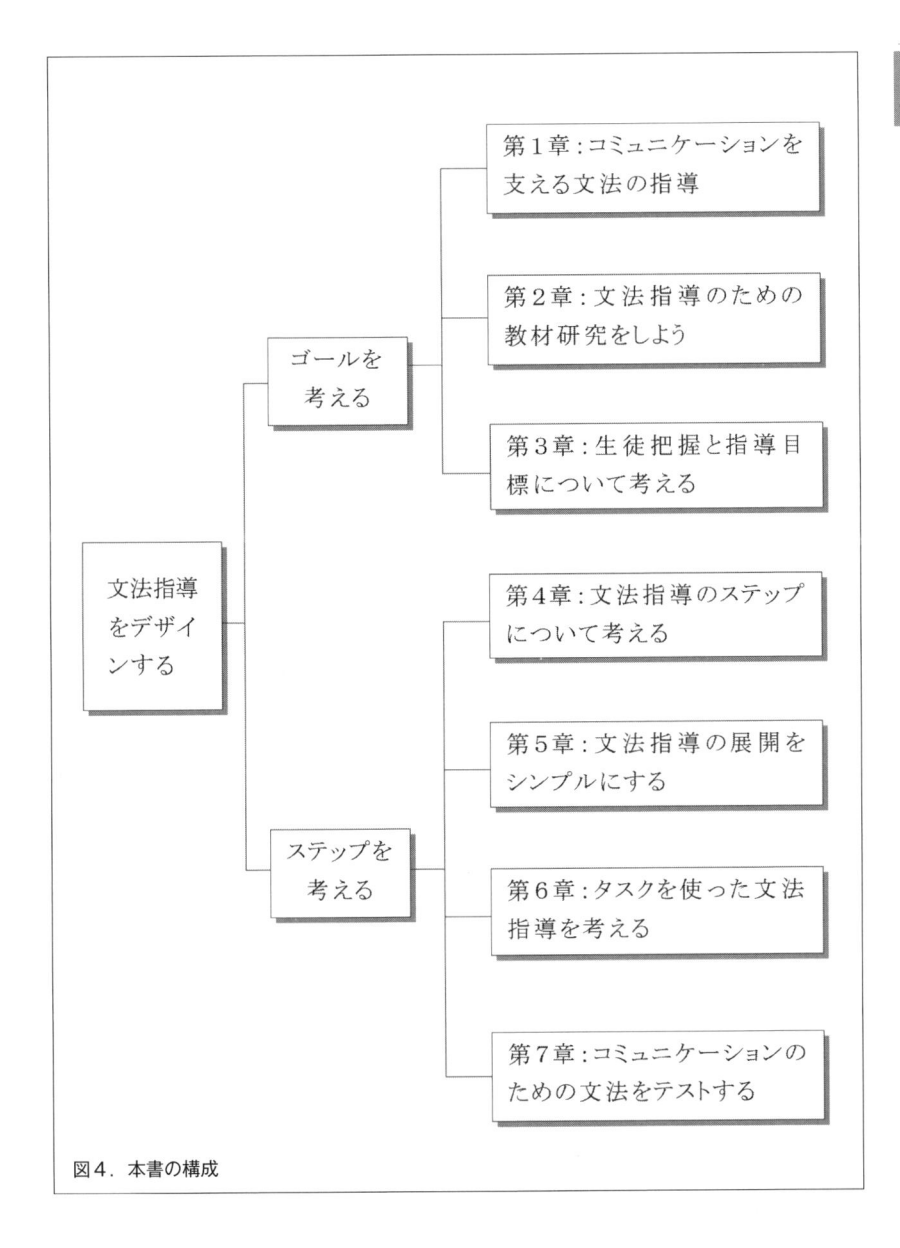

図4．本書の構成

で詳しく見ることにします。

(5) 文法指導の展開をシンプルにする

　文法指導の展開を考えることができたら，今度は，それぞれのステップを，1つの授業の中でどのように展開させるとよいか考えます。スムーズ，かつ，効率的な流れで進む指導は，優れた文法指導であると言えます。では，いったいどのようなことに注意すれば，自然な流れの授業展開をつくり出すことができるのでしょうか。第5章で詳しく見ることにします。

(6) タスクを使った文法指導を考える

　個々の文法項目の習得を目標とした文法指導を行っているだけでは，コミュニケーションに役立つ文法知識を十分に育成することができません。これまで身につけてきた文法知識を，実際のコミュニケーションに近い場面の中で，フルに活用するタスクを行うことが求められます。このタスクと文法指導の関係性や，タスクにおける文法指導のあり方については，第6章で詳しく見ることにします。

(7) コミュニケーションのための文法をテストする

　文法指導を行った後には，指導してきた文法知識が定着しているのかを測る必要があります。そのためには，文法テストにはどのようなタイプがあるのか，また，それぞれのタイプのテストではどのような文法知識を測ることができるのかを知っておくことで，目的に応じて適切に文法テストを作成し，実施することができます。文法のテストについては，第7章で見ることにします。

Q & A BOX

Q. 文法指導のデザインとはどのようなもので，なぜ必要なのでしょうか。

A. 文法指導のデザインとは，家を建てる設計プランのようなものです。授業時間は限られています。文法指導だけでなく，教科書本文を扱ったり，語彙を指導したり，表現指導を行ったり，指導内容は多岐にわたります。その中で，指導目標や指導計画があいまいなまま，ダラダラと指導していたのでは，文法を効率的に指導できません。何も計画せずに文法指導していたのでは，教師が一方的に文法を解説するだけの授業になったり，習った文法を実際のコミュニケーション場面で活用させることなく，ひたすら文法問題を解かせるような授業になったりしてしまいます。それでは，コミュニケーションで使える文法を指導することができません。

　限られた時間の中で，どのように効率よく文法を指導していくかを考えることは極めて重要です。授業時間がどれだけあるかを見据えて，生徒が英語でのコミュニケーションをスムーズに行えるようにするには，どのように文法を指導すればよいかをしっかりと考え，限られた時間を有効活用する必要があります。

　文法指導のデザインの基本は，どのように文法を提示すれば，生徒は理解できるかをあらかじめ考えることにあります。例えば，どのような場面で例文を提示すれば，生徒は文法の働きに気づきやすくなるか，文法説明で何を最低限教えなければいけないのか，どのような練習をしておけば自信をもって活用できるようになるのか，どのような活動であれば，生徒は達成感をもって文法を活用することができるのかなどを考えるのです。そのためには，教えようとしている文法の特徴を教師自身がしっかりとつかんでおく必要があります。

　本書では，そのような英語教師のための文法指導デザインのポイントを具体的に提示しています。

1.3 本書の構成について

〈英語教育コラム①〉
第二言語習得における文法指導の役割

第二言語習得のプロセス
　第二言語習得理論において，言語習得は学習者が言語を理解したり表出したりする過程を繰り返す中で起こるとされる（e.g. Ellis, 2008）。音声や文字としてのインプット（input）を学習者が受け取る中で，新しい言語構造への気づき（noticing）が起こり，気づいた言語構造は学習者の言語知識体系の一部として組み込まれ（intake）ていく。そして，その構築された言語知識を利用して，学習者は言葉や文字をアウトプット（output）することができるようになる。

暗示的知識と明示的知識
　学習者の言語知識は，一般的に，暗示的知識（implicit knowledge）と明示的知識（explicit knowledge）に分けることができる[注1]。暗示的知識とは無意識的な知識をさし，明示的知識とは意識的に学習され分析や説明ができる知識をさす。Krashen (1982) は，学習者が意識することなく習得した暗示的知識のみが，自由な言語運用を可能にするとした。さらに，学習者が意識的に身につけた明示的知識は，学習者が発話する際の正確さをモニターする働きしかないとした。一方，Ellis (2008) などは，授業などの文法指導で教師が文法説明を行った結果，学習者が身につけた明示的知識は，学習者の第二言語知識の基盤となる暗示的知識の育成を間接的に促進すると考える。意識的に学習された明示的知識が第二言語習得に貢献するかどうかが，第二言語習得理論における論点の一つとなってきている。

明示的知識の役割
　学習者が自然な言語運用の中で，インプットに触れながら自分の力で新しい文法の形式・意味・機能に気づくためには，膨大な量のインプットと極めて長い時間が必要である。しかし，授業の中で，新しい文法の明示的知識を身につけておくことで，後に新たなインプットに触れたときにその文法に気づきやすくすることを時間をかけずにできる。また，インプットで気づいた新しい言語

構造を学習者が既にもっている言語知識と比較するのに役立ったり，Krashen が指摘した通りアウトプットする際に学習者自身が自分の誤りを修正する働きをもつ。このように，文法指導で身につけた明示的知識が，様々な形で第二言語習得に役立つことは否定できない。

しかし，あくまでも明示的知識は第二言語習得を間接的に助けるものであり，インプットやアウトプットの処理における言語構造への気づきを促し，暗示的知識の育成を間接的に助ける働きをもつ。明示的知識を身につければ第二言語習得に直結するものではないことに注意しておく必要がある。

Focus on Form と Focus on Forms

最近の第二言語習得理論では，自然な文脈から切り離して文法指導を行い練習を繰り返しても習得にはつながらず，コミュニケーションを重視するだけでは言語知識が十分育成されにくいと考えられている。そこで，従来の自然な文脈から文法を切り離して指導する方法を Focus on Forms と区別し，意味のある文脈の中で学習者の意識を言語構造に向けさせる指導を Focus on Form と呼び，文法指導に関する新たな議論がなされてきている。つまり，文法指導は，文法規則の解説だけでなく，インプット処理やアウトプット処理を伴う活動も含み，そのような意味のやりとりを重視した活動の中で，どのように文法の形式・意味・機能の結合を促すかという問題に研究者の関心は移ってきている。

注1）暗示的知識と明示的知識の区別と，手続的知識と宣言的知識の区別は，同一のものとみなされることが多いが，暗示的知識と明示的知識の区別は，学習者の意識の有無に焦点が置かれ，手続的知識と宣言的知識の区別は，言語処理の自動化に焦点が置かれている（Gass, Behney, & Plonsky, 2013）。

◆参考文献

Ellis, R. (2008). *The Study of Second Language Acquisition* (2nd ed.). Oxford: Oxford University Press.

Gass, S., Behney, J., & Plonsky, L. (2013). *Second Language Acquisition: An Introductory Course* (4th ed.). New York: Routledge.

Krashen, S. (1982). *Principles and Practice in Second Language Acquisition*. London: Pergamon.

文法指導のための
教材研究をしよう

2

2.0　文法の特徴について考えてみよう　24

2.1　使用場面を考えてみよう　28

2.2　前後の文脈を考えてみよう　30

2.3　類似の文法項目と比較してみよう　32

2.4　適切な例文を考えてみよう　34

2.5　文法の特徴の捉え方の具体例　38

2.0 文法の特徴について考えてみよう

■ 「どのように文法が使われるか」という視点をもつ

　私たちが文法の特徴について考えるときに，どのような視点をもっているとよいのでしょうか。ここでは，文法の特徴の捉え方について考えてみます。

　一般的に，文法を知っているとは，図1のように，文法の形式・意味・機能の3つの側面を知っていることであると言われます（Celce-Murcia & Larsen-Freeman, 1999）。

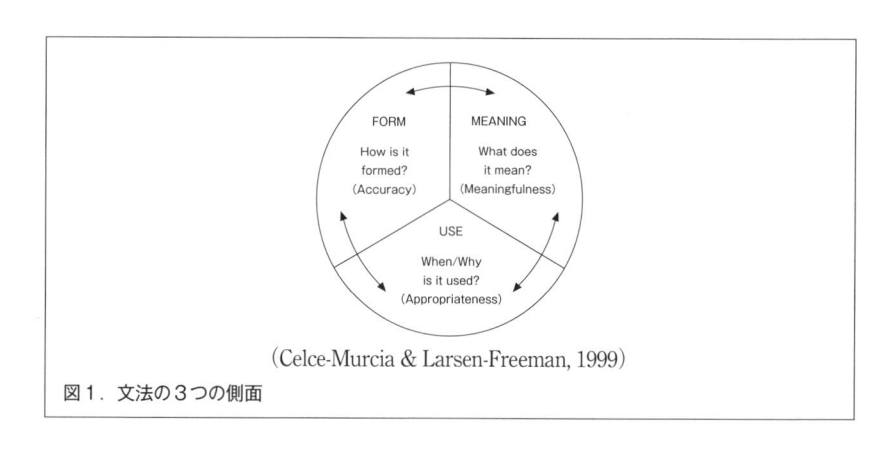

```
           FORM        MEANING
         How is it    What does
          formed?      it mean?
        (Accuracy)  (Meaningfulness)
                USE
            When/Why
            is it used?
          (Appropriateness)
```

（Celce-Murcia & Larsen-Freeman, 1999）
図1．文法の3つの側面

　文法の形式（form）とは，その文法を使った文がどのように形づくられるかを知っていることをさし，意味（meaning）とは，その文がどのような意味をもっているかを知っていることをさします。そして，使用・機能（use/function）とは，いつ・なぜ・どのような場面で，その文法が使われるのかを知っていることをさします。文法の形式・意味・使用の3つの側面を知っていてはじめて，その文法をコミュニケーションで正確かつ適切に使いこなせるようになります。

　ここで，受動態を例に考えてみましょう。受動態は，「被動作主＋be動詞＋動詞の過去分詞形」の形式で文がつくられます。また，動作主を強調した

いときには「by +動作主」が続く場合もあります。受動態は，「～が…られる（～によって）」のように，動作を受ける対象（被動作主）が動作主からの影響を受けている意味を表します。そして，受動態は，文脈で話題になっている被動作主が，他から何らかの影響を受けることを表すために使われます。

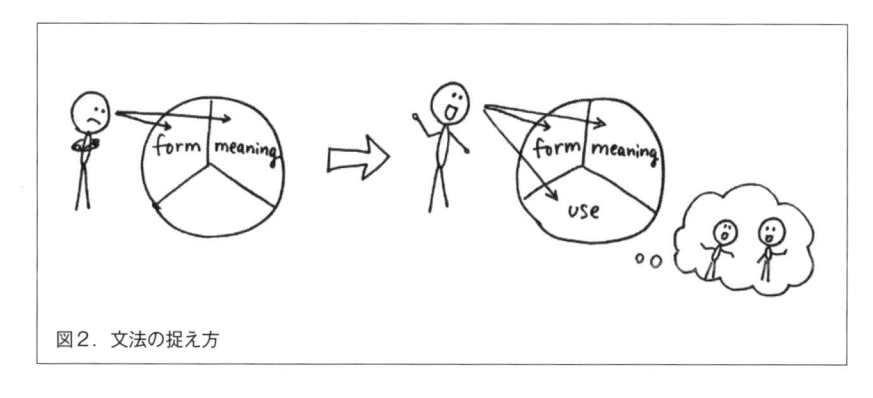

図2．文法の捉え方

　図2のように，教師が文法の形式のみを眺めていたのでは，その文法の本質的な特徴を捉えることは難しく，生徒に興味関心をもたせるような文法指導の工夫はできません。

　コミュニケーションでの文法の使用場面を教師が常に意識することは，文法指導の様々な展開を工夫する際に生きてきます。例えば，文法指導の導入でどのように生徒を動機づけ，どのように文法の形を効率よく説明し，その文法を使えるようどのような活動に取り組ませていくべきかなど，様々なヒントが浮かびやすくなってきます。そうすれば教師は，文法を自信をもって教えることができるようになります。そのために，私たち教師自身が，まずコミュニケーションで役立つ文法のイメージを興味をもって教材研究しておく必要があります。

■ 文法の特徴を捉えるための4つの視点

　文法指導を始める前に，ターゲットとなる文法の形式と意味だけでなく，文法の機能を含めた特徴について考えてみましょう。文法の特徴を捉えるためには，次の4つの視点があります。それらは，1) 使用場面を考える，2) 前後の文脈を考える，3) 類似の文法項目と比較する，4) 適切な例文を考える，の4つです（図3）。

　第1に，文法がどのような場面で使用されるかを考えます。その文法は誰が誰に対して使うのか，その文法を使う話し手の気持ちについて考えてみます。第2に，その文法が使われる前後の文脈を考えます。その文法が使われている自然な場面では，どのような文が前後にくるのかを考えてみます。第3に，ターゲットとなる文法とその文法と類似する文法を比較します。なぜ他の文法ではなくその文法を使うのか，どのようにニュアンスが異なるのか考えることができます。第4に，適切な例文を考えます。どのような語彙と一緒に使われることが多いのか，ターゲットとなる文法の特徴をもっとも適切に提示できる例文は何かを考えてみます。

■ 指導の前に，文法の特徴を考える利点

　文法の特徴を考えておくことには，次のような利点があります。

1) ターゲットの文法の本質をつかむことができる

　文法の特徴を様々な角度から探ってみることで，文法の本質部分が見えてきます。教えようとする文法の本質をつかむことができれば，文法指導の中で何を重視して指導すべきかを知った上で授業をすることができます。

2) わかりやすい文法指導をすることができる

　文法が使われる場面を教師がイメージできると，なぜその文法を学ぶ必要があるのかを生徒に気づかせたり，わかりやすく指導する工夫をしたりすることができます。

3) 具体的な指導のアイデアが湧いてくるようになる

　文法の特徴について考えれば，どのように文法を導入し，説明し，練習や活動につなげていけばよいかといった文法指導のアイデアが具体的に湧いてきます。様々な視点で，文法の使い方を考えておくことで，コミュニケーションにつながる文法指導ができるようになります。

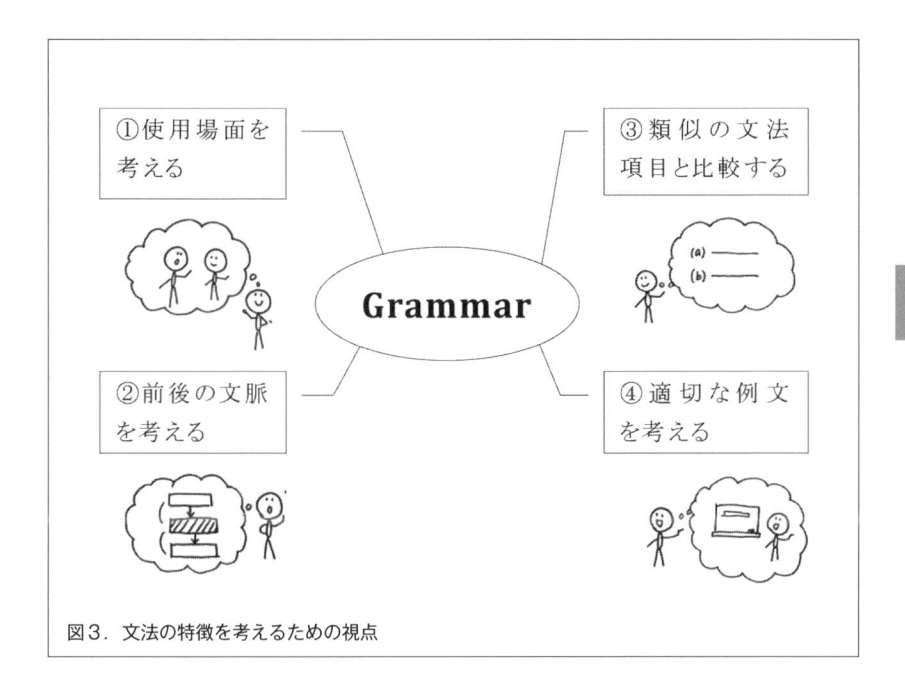

図3．文法の特徴を考えるための視点

（図中）
① 使用場面を考える
② 前後の文脈を考える
③ 類似の文法項目と比較する
④ 適切な例文を考える
Grammar

以下では，文法の特徴をどのように捉えればよいのか，これらの4つの視点ごとに具体的に見ていくことにします。

文法の特徴を捉えるヒント

- □ 使用場面を考えてみよう
- □ 前後の文脈を考えてみよう
- □ 類似の文法項目と比較してみよう
- □ 適切な例文を考えてみよう

第2章　文法指導のための教材研究をしよう

2.1 使用場面を考えてみよう

```
①使用場面 ─── Grammar ─── [    ]
         [    ]       [    ]
```

■ どのような場面で必然的に使われるか考える

　文法の特徴を捉えるために，今から教えようとしている文法表現が，どのような場面で使用されるのか，誰が誰に向かって使用することが多いのか，どのような感情でその文法を使うことが多いのかなど，その文法の使用場面をできるだけ具体的に考えましょう。

　では，受動態を例に考えてみましょう。私たちの日常生活の中で，受動態はどのような場面で使われるでしょうか。次のような場面が考えられます。

> ***Example 1***
> 　(a) 会話の話題に上がっているTシャツが有名人にデザインされたものであることを友達に自慢したいとき
> 　(b) 自分たちの学校を説明するホームページで，何年に学校が建てられたかなどの学校の歴史を伝えたいとき
> 　(c) 窓を割ってしまったことを母親に伝えるときに，誰が割ったかを隠して，その状態を客観的に伝えようとするとき

　まずは，教師の身の周りの日常で経験した出来事を思い出して，できるだけ具体的にその文法の使用場面を考えてみることで，その文法の面白さが見えてきます。いったい何をしようとしていてその文法を使ったのか，誰がどのような気持ちでその文法を使っていたのか，思い出してみましょう。

　そうすることで，その文法をどのような例文を使って生徒に提示するか，あるいは，どのような場面の中でその文法を練習させるか，など具体的な指導のアイデアが次々と湧いてくるはずです。文法の使用場面を考えるときに

使用場面を考えるポイント

- [ ] **生徒にとって身近な場面を選ぶ**
  生徒にとって身近な場面かどうかは、もっとも重要なポイントです。私たちの生活において経験したことのある身近な場面を具体的にイメージしてみましょう。

- [ ] **生徒が興味をもつ場面を選ぶ**
  生徒が興味のもてる場面を考えてみましょう。同じような場面であっても、身近な人を登場させるような設定であったり、ドラマチックな場面にしたりすると意外性があって生徒は興味をもってくれます。

- [ ] **生徒が使える表現を含む場面を選ぶ**
  いくら身近で面白い場面であっても、生徒が使えそうもない難しい語彙や表現を使わせる場面になってしまってはいけません。生徒がすでに習っている語彙や表現が使える場面を選びましょう。

は、上のポイントを参考にしてみましょう。

2.2　前後の文脈を考えてみよう

②前後の文脈　　Grammar

■　どのような文が前後にくるかを考えてみる

　具体的な使用場面を考えたら，今度は，どのような英語の文が前後にくると自然かを考えてみましょう。どのような文脈の中で，ターゲットの文法が使われるのかを考えてみると，その文法の特徴がはっきりと見えてきます。

　では，受動態の例をもとに考えてみましょう。自分の持っているTシャツが，有名人にデザインされたものであることをクラスの友達に自慢したいときの場面です。どのような文脈になるでしょうか。

Example 2

　　I'm going to show you my favorite thing.
　　Look at this T-shirt.
　　It was designed by Ms. Yayoi Kusama.
　　She is a world-famous Japanese artist.
　　I like these polka-dots very much.

　このように，"This T-shirt was designed by Ms. Yayoi Kusama." という文を例にとってみても，前後の文脈を考えてみれば，その文法がコミュニケーションの中で自然に使われる様子を生き生きと思い浮かべることができます。

前後の文脈の例

(1)のように1文のみの例文と，(2)のように前後の文脈のある例文を比べてみましょう。

☐ **助動詞 should**
(1) He should be home by now.
(2) Mike left here half an hour ago. He should be home by now.

根拠を示しておくことで，話し手の推量（〜のはずだ）should の意味が理解しやすくなる

☐ **That is why**
(1) That is why I don't like him.
(2) He sometimes lies to me. That is why I don't like him.

原因の文が前にくることで，結果を示す That is why の文の意味が理解しやすくなる

☐ **第5文型**
(1) Her friends call her Beth.
(2) Her name is Elizabeth, but her friends call her Beth.

一文付け足して状況を詳しくすると，call＋二重目的語の理解を助ける

☐ **used to**
(1) I used to go to school by train.
(2) I used to go to school by train, but now I usually walk.

used to は過去と現在との対比を強調する働きがあることを理解させる

☐ **受動態**
(1) It was painted by van Gogh.
(2) Look at this picture. It was painted by van Gogh.

新情報が先に既知情報は後にくる流れで受動態が自然に使われる

（萩原, 2006 より）

2.3 類似の文法項目と比較してみよう

```
                    ③類似文法との比較
        Grammar
```

■ なぜその文法が使われるのか理由を考える

　文法の特徴を捉える視点として，ターゲットとする文法を類似する文法項目と比較してみることが挙げられます。まず似たような文法が他にないかを考えてみます。なぜ類似の文法を使わずに，ターゲットとする文法をあえて使う必要があるのかその理由を考えてみます。そして，類似の文法とターゲットの文法の意味や用法の違いを比べてみましょう。
　では，受動態の例を見てみます。次の2つの文を比べてみてください。

Example 3
　　(a) This T-shirt was designed by Ms. Kusama.
　　(b) Ms. Kusama designed this T-shirt.

　この2つの文は，同じ事柄を説明していますが，何を主語に置いて説明しているかという点が異なります。(a) では主語が T-shirt であるのに対し，(b) では Ms. Kusama が主語です。英語では，主語の位置には会話の焦点が当たっているものが来ます。その観点で捉えると，(a) は T-shirt が会話の話題となった結果，T-shirt がどのようなものなのかを説明するために，受動態の形式が選択されています。(b) は，デザイナーが話題の中心となって，そのデザイナーが何をしたのかを説明するために，能動態が使われています。
　受動態について，たすきがけのような能動態から受動態への変形のみで理解していたとしても，なぜ能動態と使い分けるのかまでは教師に理解されることは少ない傾向があります。使い分ける理由を理解していなければ，いつどのように受動態を使えばよいのかイメージしないまま指導することになります。

類似の文法項目と比較するポイント

類似する文法とターゲットの文法を比較するポイントは次の3つです。

☐ **まず、他に似た文法項目がないか探す**
似たような文法項目がないか探してみましょう。2つを比較してみることで、その文法の本質的な特徴を深く理解するきっかけとなります。

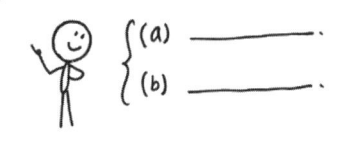

☐ **なぜその文法が使われるか理由を考える**
同じような文法があるのに、なぜその文法の形を使うのか理由について自分で考えてみましょう。手元にある文法書で調べてみるのもよいでしょう。

☐ **英語母語話者に違いを尋ねてみる**
英語の非母語話者の私たちが文法の微妙なニュアンスの違いを知ることは、なかなか難しいものです。学校にいるALTにどんどん尋ねてみましょう。

よく似た文法項目とのニュアンスの違いを知ることで、その文法の本質がよく見えてきます。いつどのようにその文法を使えばよいか理解することは、コミュニケーションで使いこなせる力になってきます。文法を指導する際には、これらのことすべてを生徒に教える必要はありません。しかし、教師が文法の特徴を深く理解すれば、その本質的な特徴を生徒に気付かせる例文提示や文法説明を考え出すことができ、自信をもって教えることができるようになります。

第2章　文法指導のための教材研究をしよう

2.4 適切な例文を考えてみよう

```
┌─────────┐         ┌─────────┐
│         │─ Grammar ─│         │
└─────────┘         └─────────┘
                          ④適切な例文
```

■ どのような語句とともに使われるか考えてみる

　文法の特徴を捉える方法の1つに，もっとも適切な例文を考えることが挙げられます。例えば，その文法はどのような語と一緒に使われることが多いのか，ターゲットとする文法の特徴をもっとも適切に提示できる典型的な例文はどのようなものかを考えてみます。また，中学生や高校生に初めてその文法を指導するときに，どのような例文を使うのがもっとも適切でしょうか。例文の中で使われている語句は，生徒にとって易しいものかどうか，適切な例文になっているかどうかなどに注意して，シンプルな文法説明を心がけましょう。

　では，受動態を導入する場合，どのような語句を例文の中で使うのが適切でしょうか。

Example 4

　The T-shirt was designed by Ms. Kusama.
　└ The letter/cake/picture.... ── written/made/painted....

　受動態の例文を考えるために，どのようなものの特徴を紹介するときに受動態を使うのか，また，生徒がすでに習っている語句でそのような例文を考えてみるとどのような語句が適切なのかを考えてみます。手紙やケーキ，絵などを文の主語にして，written, made, painted を動詞として使わせることができると考えることができるでしょう。その後のコミュニケーション活動で生徒に表現させる内容にもつながってくるように考えることも大切です。

適切な例文を考えるポイント

適切な例文を考えるためのポイントは次の3つです。

- [ ] **どのような語句と使われるか考える**
  その文法はどのような語と一緒に使われることが多いのか，ターゲットとする文法の特徴を適切に提示できるもっとも典型的な例文はどのようなものかを考えてみます。

- [ ] **生徒が知っている語句を使う**
  中学生や高校生にとって，どのような例文を使うのがもっとも適切かを考えます。例文の中で使われている語句は生徒に易しいものかどうかを考えます。

- [ ] **例文が適切かどうか確認する**
  英語母語話者であるALTが学校にいれば，考えた例文の英語が適切なものであるかどうかをチェックしてもらうとよいでしょう。

2.4 適切な例文を考えてみよう

■ どのように教材研究に取り組んでいくべきか

　教師の中には，文法が苦手だという人がいるかもしれません。文法指導のための教材研究は，どのように行っていくとよいのでしょうか。次のような方法を参考にしてみましょう。

　　1) まずは，自分で文脈や例文を考えてみる
　　2) 教科書の例文や本文を見てみる
　　3) 文法書を調べてみる
　　4) 英語の母語話者に尋ねてみる
　　5) 他の教師とアイデアを出し合う，など

　まずは，自分で場面や文脈，例文を考えることをお勧めします。自分の身近なところで，自分だったらどのようにその文法を使うか，何を目的としてその文法を使うのか，誰が誰に対して使うのか，どのような気持ちでその文法を使うのか，などのイメージを膨らませます。教科書や文法書を見ると例文や文脈が見つかるかもしれませんが，自分の頭で考えてみた方が，生徒にとってより身近でインパクトのある使用場面が見つかります。

　それでもなかなか使用場面や例文を考えだすのが難しい場合は，手元にある教科書の本文や文法参考書などで，どのような使用場面が考えられるかヒントをもらいましょう。とくに，類似文法とのニュアンスの違いなどは，自分で考えてもわからないことがあります。そのような場合には，ALTに尋ねてみましょう。どのようなときにその文法を使うのか，類似の文法とニュアンスがどのように異なるのかなど，喜んで答えてくれるはずです。また，同僚や勉強サークルの中には，文法に詳しい人がいるはずです。情報交換を行いながら，文法に関する理解を深くしていきましょう。

　文法指導のための教材研究は，慣れないうちは時間がかかるかもしれません。しかし，慣れればちょっとした空き時間を使って教材研究ができるようになります。少しずつ教材研究をしたことが積み重なって，自分なりの教材データベースができるはずです。

　次のセクションでは，代表的な文法項目について，教材研究を行った例です。読者の皆さんも一緒に考えてみてください。

文脈や例文を考える手順

- [ ] **まずは，自分で文脈や例文を考えてみる**
  まずは，自分の頭で考えてみましょう。ニュアンスの違い，使用場面，存在理由，適切な例文を考えてみましょう。

- [ ] **教科書の例文や本文を見てみる**
  身近な教材として教科書の例文があります。どのような例文や文脈が使われ，どのような練習や活動を行っているのかなど確認してみましょう。

- [ ] **文法書を調べてみる**
  学習参考書や文法書をチェックしてみましょう。文法書を手元にそろえておくと重宝します。

- [ ] **ネイティブスピーカーに尋ねてみる**
  英語のネイティブであるALTに，どんなニュアンスの違いがあるのか尋ねてみると，貴重な情報が得られます。

- [ ] **他の教師とアイデアを出し合う**
  同じ職場や地域の教師と教材研究を行うことをお勧めします。いろんな角度からのアイデアが湧いてくるはずです。

2.4 適切な例文を考えてみよう

第2章 文法指導のための教材研究をしよう

2.5　文法の特徴の捉え方の具体例

(1)　過去進行形の教材研究
① 　使用場面を考える

　過去進行形は，過去のある時点において進行中である動作を説明するために使われます。では，実際にはどのような場面で使われるのでしょうか。過去進行形を使わざるを得ない必然性のある場面を考えてみると，以下のような場面を思いつきます。

> ***Example 5***
> 　(1) サッカーのワールドカップで日本代表が勝ったテレビ中継を見ていなかったという友達に対して，何をしていたのかを尋ねるとき
> 　(2) 友達との待ち合わせの時間に遅刻してしまい，待たせてしまった友達に遅刻した理由を説明するとき
> 　(3) 宿題をしておくように言ったのに，2時間たってもまだ終わっていないという子どもに対して，何をしていたのかを尋ねるとき

　いずれの場面も生徒にとっては身近な場面であり，過去進行形が使えるとスムーズに表現することができます。

② 　前後の文脈を考える

　Example 5 の(1)の場面を選択し，その場面の前後の文脈を考えましょう。

> ***Example 6***
> 　● Did you see the soccer game last night, Ken?
> 　○ No. I didn't see it.
> 　● Really? What were you doing?
> 　○ I was watching a TV drama at that time.
> 　● Really? You missed a great game!

このように，ある過去の時点において何をしていたのかを説明するために過去進行形が使われる典型的な場面を考えておくと，過去進行形を授業で導入したりコミュニケーション活動を考えたりするための大きなヒントになります。

③ **類似の文法項目と比較する**
　次に，類似の文法項目と比較して考えてみましょう。ここでは，過去形と過去進行形の違いについて考えてみます。

> ***Example 7***
> 　(a) I watched a TV drama.
> 　(b) I was watching a TV drama.

　(a) では，現在とは切り離した過去の出来事としてドラマを見たことを単純に述べているだけですが，(b) では，過去のある時点において動作が進行中であったことを説明しています。

④ **適切な例文を考える**
　では次に，適切な例文について考えてみます。次の例を見てください。

> ***Example 8***
> 　I was sleeping around nine o'clock last night.
> 　　　└ watching TV／taking a bath／playing a TV game....

　過去進行形の例文でどのような語彙や表現を使うかを考えるには，生徒が日常生活の中で行っている行動であり，かつ，生徒がすでに習っている語彙であるかどうかを考えてみます。生徒にとって身近な動作動詞（e.g. play, study, watch, take）が，その後のコミュニケーション活動の中で使わせやすい語彙であると考えられます。
　このように，生徒にとって身近な場面を考え，類似の文法項目との違いを明らかにし，生徒に身近な語彙を使った例文を提示することができれば，生徒にその文法を使って表現してみたいと思わせることができます。

(2) 仮定法過去の教材研究
① 使用場面を考える
　仮定法過去は，事実とは異なることやありそうにもないことを話し手が想定するときに用いられます。では，どのような場面で仮定法過去が使われるのでしょうか。仮定法過去を必然的に使わざるをえない場面を考えてみましょう。仮定法を学習する高校生にとって身近な場面を考えてみると，次のような場面が考えられます。

> *Example 9*
> 　(1) ずっと楽しみにしていた登山の日に大雨が降ってしまった。もしも今日晴れていたらと残念がっているときのつぶやき
> 　(2) 受験勉強のために好きなことができない。もしも自分が大学生だったらいろんなことにチャレンジできるのにと願望を述べるとき
> 　(3) どのような行動をとればよいか迷っている相手に，自分だったらこうすると控えめな形でアドバイスをしたいとき

　いずれの場面も生徒にとっては身近な場面であり，仮定法過去を使って積極的に表現している生徒の姿が浮かんでくるはずです。

② 前後の文脈を考える
　Example 9 の (1) の場面を選択し，具体的な前後の文脈を考えてみます。

> *Example 10*
> We have been waiting for today. We were planning to climb the mountain. Too bad. *If it was fine, we would climb it.*

　このように，事実とは異なることを話し手が想定するために仮定法を必然的に使う，具体的で身近な使用場面を考え出すことができれば，文法指導のゴールが見えたことになります。仮定法過去が使われる典型的な場面を生かして，授業の導入を考えたり，コミュニケーション活動を考えたりするヒントになってきます。

③ **類似の文法項目と比較する**

次に，類似の文法項目と比較してみることにしましょう。次のように，直接法と仮定法を比較しながら，仮定法のニュアンスを確認してみます。(a) と (b) ではどのような意味の違いがあるでしょうか。

> ***Example 11***
> 　(a) If it is fine, we will climb the mountain.
> 　(b) If it was fine, we would climb the mountain.

(a) と (b) を使い分けるポイントは，現実に起こる可能性があるのかという点にあります。(b) では，現在から切り離されたイメージを「晴れていたら，登山できたのになあ」のように過去形で表現しており，目の前では雨が降っていて今日は登山ができないことを悔やんでいます。一方の (a) は，晴れて登山ができる可能性が高いことを話し手は感じていることになります。

④ **適切な例文を考える**

では，次に適切な例文について考えてみましょう。ここでは，仮定法の中で使われる動詞について考えてみます。

> ***Example 12***
> 　If it was fine, we would climb the mountain.
> 　　　　　　　　　　└─ go on a picnic / have a sports meeting

生徒に身近な表現は何かを考えてみましょう。生徒が楽しみにしていて天候を気にする典型的なことは何でしょうか。例えば，学校の遠足や体育祭が考えられます。このようなことを考えておくことで，次のコミュニケーション活動で生徒に表現させることにつながってきます。

(3) 関係代名詞の教材研究
① 使用場面を考える

　関係代名詞は，名詞に関する情報を関係詞を使って後ろから付け足し，ものや人について詳しく説明する働きがあります。では，実際にはどのような場面で関係代名詞が使われるのかを考えてみましょう。

> *Example 13*
> 　(1) 週末に見に行った映画が，どのような内容だったかを簡潔に説明したいとき
> 　(2) 日本に来て間もない ALT の先生に，若い人に今人気のグループがどのようなグループであるか尋ねられて説明したいとき
> 　(3) 複数いる学校の教師の中で，話題に上がった教師の特徴を述べて特定したいとき

　いずれの場面も生徒にとっては身近な場面であり，関係代名詞を使って積極的に表現している生徒の姿が浮かんでくるはずです。

② 前後の文脈を考える

　Example 13 の (3) の場面を選択し，前後の文脈を考えてみましょう。

> *Example 14*
> 　〈日本に来て間もない ALT の先生との会話で〉
> 　● Who is Mr. Suzuki?
> 　○ Mr. Suzuki is the teacher who teaches math and coaches our baseball club. It's complicated, isn't it? There are three Suzukis in this school.

　この会話では，話題に上がった人物が，どのような特徴をもった人物かを詳しく情報を付け加えて特定するために関係代名詞が使われています。味気ない形だけを提示する例文よりは，このような実際の会話で使われる文脈の中で，関係代名詞を提示できれば，生徒は関係代名詞の価値を認識できるはずです。

③ **類似の文法項目と比較する**

では次に，類似の構造について考えてみましょう。

> *Example 15*
> (a) Mr. Suzuki is the teacher who teaches math and coaches our baseball club.
> (b) Mr. Suzuki is a teacher. He teaches math. He coaches our baseball club.

ある人物の特徴を伝えるために，関係代名詞を使った (a) の文では，1文で簡潔に説明しているのに対し，(b) では3文を使って説明しています。関係代名詞を使うことにより，より効率的で洗練された表現で伝えることができることがわかります。関係代名詞を使わない説明と比較してみることで，関係代名詞がなぜ必要なのか明確になるはずです。

④ **適切な例文を考える**

では，次に適切な例文について考えてみましょう。

> *Example 16*
> Mr. Suzuki is the teacher who teaches math.
> 　　└─Ms. Tanaka/Mr. Sato　　　└─English/science

例文を考える際に，説明後に行う練習のことも念頭において，シンプルでかつ応用の効く形の例文を提示します。生徒はその例文を参考にして，関係代名詞を使った説明を行いやすくなります。

（4） 現在完了（経験用法）の教材研究
① 使用場面を考える

現在完了形の経験用法には，過去のある時点に経験したことが，現在の状態にも影響を与えていることを話し相手に説明する働きがあります。では，実際には，私たちはどのような場面で現在完了形（経験用法）を使うのでしょうか。身近な場面について考えてみると，次のような場面が考えられます。

> *Example 17*
> (1) ハリーポッターの本を3回も読んでいて，本の内容についてとても詳しいことを友達に自慢したいとき
> (2) 東京ディズニーシーに子どもが行きたいと言っているが，一度も行ったことがないので，友人からどのような場所か情報を得たいとき
> (3) 登山をするときの装備を知りたいので，富士山に登ったことがあるかどうかを尋ねて情報を得たいとき

このように，過去に読んだり行ったりしたことを友達に自慢しようとしたり，話し相手が経験したことから何らかの情報を聞き出したいときに，現在完了形をよく使います。

② 前後の文脈を考える

では，Example 17 の(2)の場面を選択し，前後の文脈がどのようなものになるか具体的な会話例を考えてみましょう。

> *Example 18*
> ● I want to know about Tokyo Disney Sea because my sons really want to go there. Have you been to Tokyo Disney Sea?
> ○ Yes. I have been there five times. I know a lot of things about Tokyo Disney Sea. Ask me anything.

この会話は，休日の過ごし方について思案している場面でよく見られる会話です。東京ディズニーシーに行ったことがある友人から，有益な情報を聞き出したいといった場面です。

③ 類似の文法項目と比較する

では次に，類似の構造について考えてみましょう。ここでは，過去形と現在完了形を比較してみます。

Example 19
(a) I went to Tokyo Disney Sea two years ago.
(b) I have been to Tokyo Disney Sea five times.

過去形を使った (a) の文は，過去のある時（この例では，2年前），東京ディズニーシーに行ったということを述べているだけであるのに対し，現在完了形を使った (b) は，単に過去のことを伝えるだけでなく，5回もディズニーシーに行ったことがある状態にあるというように，過去に行なったことが現在にも影響しており，すでに様々なことを知っているという感じがあります。

④ 適切な例文を考える

では，次に適切な例文について考えてみましょう。

Example 20
I have been to Tokyo Disney Sea.
　　　└ seen/ climbed/ read └ the movie/ Mt. Fuji/ the book

現在完了形の経験用法における例文はどのようなものが適切かを考えてみます。生徒にとって，身近な経験とは何でしょうか。例えば，富士山に登ったこと，ある有名な本を読んだこと，流行の映画を見たこと，などの有無が考えられます。ここまで考えることができれば，説明の後の練習やコミュニケーション活動のイメージが湧いてきます。

(5) 助動詞 will の教材研究
① 使用場面を考える
　助動詞は，話し手のさまざまな気持ちを表す働きがあります。では，実際には，どのような場面で助動詞 will が使われるのでしょうか。私たちに身近な場面を考えてみると，次のような場面が考えられます。

> ***Example 21***
> 　　(a) 友人と電話で話している途中で，別の用事で電話を切ることになり，「こちらから2時に電話しますね」と言いたいとき
> 　　(b) 玄関のチャイムが鳴りました。お母さんは台所で手が離せません。「私が出るね」と言うとき
> 　　(c) 机の上が散らかっています。お母さんから机をきれいにしなさいと何度も言われ，「じゃあ宿題が終わったら掃除するよ」と言うとき

　いずれの場合も，ある出来事をきっかけにして，その場である行動をすることを決めているような場面が考えられます。助動詞 will を必然的に使ういくつかの場面を考えることができたら，今度は，助動詞 will の説明をするためには，どの場面がもっとも活用しやすいかを考えます。

② 前後の文脈を考える
　Example 21 の (a) の場面を選択し，前後の文脈を考えてみましょう。

> ***Example 22***
> 〈友人との電話の会話で〉
> ● Sorry, I have to hang up right now. I'll call you at two o'clock. Is it all right?
> ○ OK. I'll talk to you later.
> ● Bye.

　生徒にも携帯電話で友達と話している途中に，このような経験があるはずで，具体的なシーンをイメージできるはずです。

③ 類似の文法項目と比較する

では次に，類似の文法について考えてみましょう。

> *Example 23*
> 　　(a) I am going to call you at two o'clock.
> 　　(b) I'll call you at two o'clock.

いずれも電話をすることに対して話し手がなんらかの態度を表しています。しかし，(a) では，"be going to" が使われており，電話をする予定がすでに決まっている感じですが，(b) は "will" を使うことで，とくに短縮形の "'ll" を使うことで，その場で電話することを決めた感じを表しています。

④ 適切な例文を考える

では，次に適切な例文について考えてみましょう。

> *Example 24*
> 　I'll call you later.
> 　　　└── ask him/ clean the room/ go to bed....

生徒がすでに習っている簡単な表現で，生徒にとって身近な場面で使う語句には，どのようなものがあるでしょうか。その場で行動することを決定する場面としては，「じゃあ彼に聞いておくね」，「後で部屋をきれいにするよ」，「もう寝るね」などが思い浮かびます。

(6) 比較級の教材研究
① 使用場面を考える

比較級は，2つのものや人を比べて自分の考えを述べたいときに使われます。では，実際には，どのような場面で何を伝えるために比較級が使われるでしょうか。生徒の身近な場面を考えてみると，次のような場面が考えられます。

> *Example 25*
> (1) 人気キャラクターについて話が盛り上がっています。ドラえもんの方が，ミッキーよりかわいいと言いたいとき
> (2) 日曜日の午後，喫茶店でコーヒーを飲んでほっと一息つきたいと思っています。タリーズカフェよりスターバックスの方がよいと言いたいとき
> (3) 友達と図書館までバスで行くか歩いて行くかで迷っています。お金よりも時間の方が大事だと言いたいとき

比較級を使用する場面を考えるときのポイントは，複数あるものや人を比較して自分の意見を言う必然性があるかどうかにあります。このように考えてみると私たちの身近な場面で比較級を使う場面はいろいろありそうです。

② 前後の文脈を考える

Example 25 の(3)の場面を選択し，前後の文脈を考えてみましょう。

> *Example 26*
> 〈友達との会話で〉
> ● Do you think we should take the bus or walk to the library? What do you think?
> ○ I think time is more important than money. So, let's go to the library by bus.

③ 類似の文法項目と比較する

では次に，類似の文法項目について考えてみましょう。

Example 27
  (a) Time is important. Money is not so important.
  (b) Time is more important than money.

(a) のように，比較級が使えないとシンプルに表現することができず，不便であることがわかります。(b) のように比較級を使うことができれば，何の重要さを比較しているか明確かつシンプルに述べることができます。

④ 適切な例文を考える

では，次に適切な例文について考えてみましょう。

Example 28
  Time is more important than money.
  └── love/ family/ health….

生徒がすでに習っている簡単な表現で，生徒にとって身近な場面で使う語句には，どのようなものがあるでしょうか。お金と時間以外にも，愛や健康なども比較することができるでしょう。生徒の意見をクラスで尋ね合うコミュニケーション活動としてもこの例文は活躍しそうです。

〈英語教育コラム②〉
Grammaring と文法指導

Grammaring とは

　文法とはいったい何を指すのかという問題について，これまで音韻論・形態論・統語論・意味論・語用論などといった言語学に関連した異なる分野で研究が進められてきた。学校で教えられる教育文法 (pedagogical grammar) は，それらの各分野での知見を活かしながら構築されてきた。しかし，その教育文法は，実際のコミュニケーションでは役に立たないということがよく話題に上がる。

　Larsen-Freeman (2003, 2009) は，これまでの文法指導は文法を静的な知識として捉えてきたことを問題視し，grammar に "-ing" をつけた grammaring という造語を使いながら，動的な技能として文法を捉え直した上で文法指導を行っていくべきであるとの主張をした。その主張の中で彼女は，grammarning を次のように定義する。

> Grammaring is the ability to use grammar structures accurately, meaningfully, and appropriately. To help our students cultivate this ability requires a shift in the way grammar is traditionally viewed. It requires acknowledging that grammar can be productively regarded as a fifth skill, not only as an area of knowledge.
> (Larsen-Freeman, 2003: p. 143)

　また，新しい考え方の文法指導では，次の形式 (form)，意味 (meaning)，使用 (use) の3つの次元で文法を捉え，それぞれの要素を関連づけた指導を行うべきであると主張する。

　　(1) Form:　　　どのように形成されるか？
　　(2) Meaning:　　どのような意味をもつか？
　　(3) Use:　　　　いつどのように使われるのか？

形式（form）とは，ある文法項目の形式的な特徴をさし，音韻・形態・統語論が扱う要素が含まれる。現在完了形であれば，have(has)＋動詞の過去分詞形という形式的特徴がそれにあたる。意味（meaning）とは，文法形式がもつ意味をさし，意味論が扱う要素が含まれる。現在完了形では，現時点での動作の完了，完了した状態や経験を表すという意味情報がそれにあたる。使用（use）とは，その文法形式が用いられる文脈情報をさし，語用論が扱う要素を含む。

文法指導への示唆

文法がどのような場面や文脈で使われるのか理解していなければ，いくら文法形式と意味を結びつけて記憶していても，実際にそのような場面や文脈でその文法を活用することはできないとする主張は的を射たものである。私たち教師は，3つの要素を関連づけた指導を考えることで，より効果的な文法指導をデザインするためのヒントを提示してくれている。

例えば，文法項目をすべて同じように教えるのではなく，形式的に特徴のある文法項目には形式に焦点化し，意味に難しさがある項目には意味面に，使用が難しいものは文脈を与えながら教えるという視点をもちながら教材を考える工夫が可能となる。また，文法指導において，どのような使用場面において，どのような意味を相手に伝えるために，その文法の形式が使われるのかという視点を教師がつねに意識することで，実際の使用場面と文法形式を関連づけながら，コミュニケーションに役立つ文法知識の育成を図るための文法の導入・説明・練習・活動を行うことが可能となる。

本書は，これからの文法指導において，形式・意味・使用の3要素を相互に関連づけ，文脈に裏付けられた文法知識の育成をどのように行っていけばよいのかという課題に対する具体的な方策をまとめたものである。

◆参考文献

Larsen-Freeman, D. (2003). *Teaching Language: From Grammar to Grammaring*. Boston, MA: Thomson/Heinle.

Larsen-Freeman, D. (2009). Teaching and Testing Grammar. In M. H. Long & C. J. Doughty (Eds.), *The Handbook of Language Teaching* (pp. 518-542). Oxford: Wiley-Blackwell.

生徒把握と指導目標について考える

▼

3.0 生徒を把握し,指導目標を設定する 54

▼

3.1 生徒の実態について考える 56

▼

3.2 指導目標について考える 62

▼

3.3 目標を考える前に知っておきたいこと 64

▼

3.4 指導目標の表現を具体的にする 66

3.0 生徒を把握し，指導目標を設定する

■ 文法指導の内容や方法を考える際に

　文法の特徴について考えた後，指導する内容や方法を考える際に大切なことがあります。それは，どのような生徒たちがクラスにいるのか生徒の実態について把握しておくことと，その生徒たちに対してどのような指導目標を立てて指導するのかということです。この章では，生徒の把握の方法と指導目標の立て方について考えてみることにします。

■ 生徒をしっかりと把握しよう

　私たち教師は，生徒たちのことを意外と知りません。生徒が所属している部活動くらいは知っていても，特技や趣味，何に興味関心があるのか，人気のある芸能人やスポーツ選手は誰かなどは，あまり把握していないことがあります。生徒のことを少しでも知っていると，その生徒が興味を示す内容で文法指導の導入をつくり出すことができたり，生徒が積極的に取り組んでくれるようなコミュニケーション活動のヒントを得ることができたりして，授業内容を考えやすくなります。

　また，生徒が現時点でどのような文法知識や技能をもっているのか十分に把握しないまま文法の指導をしていることもあります。生徒の英語力のレベルを把握することができていれば，生徒にとってわかりやすい説明の仕方を工夫してみたり，生徒がつまずくポイントを予想しながらコミュニケーション活動を準備したりするなど，生徒たちのレベルに適した指導方法を考えやすくなります。

　重要なことは，授業をするクラスの生徒を思い浮かべて，この説明の仕方で理解できるだろうか，この活動をすぐにできるだろうかと，事前に予想してみることです。同じ内容の文法指導をする場合であっても，クラスによっては例文を変えたり，説明の内容を変えてみる必要も出てくるでしょう。既習事項をどの程度確認すればよいのか，動詞の活用など基本的なことを復習してから活動を行う必要があるのかといったことをあらかじめ考えることは

図1．生徒の実態把握と指導目標の立て方

とても大切なプロセスです。

■ **具体的な指導目標を考えよう**

　文法指導では，指導目標が具体的になっていない状態で指導が行われることがよくあります。指導目標がはっきりしていなければ，なんとなく文法規則を教えてしまい，何のために文法を指導しているのか，あるいは，どこまで文法を教えればよいのかわからなくなります。逆に，指導目標が具体的であれば，どこに向かってどこまで文法の指導をすればよいのかはっきりして，指導目標に沿った形で指導内容を工夫することができるようになってきます。

　この章では，生徒の実態把握と指導目標の立て方について具体的に見ていくことにします。

授業展開を考える前に重要なこと

☐　生徒の実態について考える
☐　指導目標について考える

第3章　生徒把握と指導目標について考える

3.1 生徒の実態について考える

■ 生徒の実態について考えてみよう

　文法指導を行うための準備として，生徒の実態を正しく把握し，その実態に合わせた指導を考えましょう。では，どのように生徒の実態を把握すればよいのか，次の4つの観点で生徒の実態を捉えてみることにします。

1) クラスの実態を考える
2) 文法学習に対する生徒の実態を考える
3) 生徒の文法の知識や技能のレベルを考える
4) 生徒の興味関心を考える

(1) クラスの実態を考える

　同じ学年を指導していても，クラスによって雰囲気が大きく異なることがあります。授業を準備する際に，どのような特徴のあるクラスかを把握することで，そのクラスの指導の対策を考えることができます。では，次のページのチェックリストをもとに，皆さんのクラスの実態をイメージしチェックしてみましょう。

　このようにクラスの実態を項目別にチェックしてみると，クラスを客観的に捉えることができ，指導を行う上でどのような点に注意すべきかが見えてきます。例えば，明るく活発ではあるが，落ち着きのないクラスの場合，コミュニケーション活動を行うときのルールをしっかり提示し，教師がうまく生徒をコントロールする必要があります。

　また，教師の指示に対する反応がよくないクラスの場合には，文法を導入する段階で，生徒の文法に対する興味関心を十分に引き出したり，生徒が達成感や目的意識を感じるコミュニケーション活動にしたりする工夫が必要になってきます。ペアやグループが作りにくいクラスの場合には，アイスブレーク活動を取り入れて信頼関係を築いたり，英語の授業用座席を指定したりすることもよいでしょう。

> **クラスの実態に関するチェックリスト**
>
> クラスの実態について次のリストを使って確認してみましょう。
>
> | | そう思わない　　　　そう思う |
> |---|---|
> | ☐ 明るいクラスだと思う | ｜　　｜　　｜　　｜ |
> | ☐ 落ち着いたクラスだと思う | ｜　　｜　　｜　　｜ |
> | ☐ 教師の説明や指示をよく聞く | ｜　　｜　　｜　　｜ |
> | ☐ 教師の指示への反応がよい | ｜　　｜　　｜　　｜ |
> | ☐ ペアやグループが作りやすい | ｜　　｜　　｜　　｜ |
> | ☐ 家庭学習にしっかりと取り組む | ｜　　｜　　｜　　｜ |

　授業の活動にはよく取り組むが，家庭学習となるとなかなか取り組めないというクラスの場合，授業で取り組んだ内容を家庭学習で振り返ることができるように，授業での活動と家庭学習のつながりをつくる必要があるでしょう。

　このように，クラスの集団としての生徒の実態を把握し，クラスの特徴に応じた指導のあり方を考えていきましょう。

(2) 文法学習に対する生徒の実態を考える

　クラスの実態を把握することができたら、次に文法学習に対する生徒の実態に目を向けてみましょう。生徒はどのような状態や姿勢で文法学習に臨んでいるのか日頃の様子をチェックするためのリストを次にあげてみます。皆さんの生徒たちの文法学習に対する実態をチェックしてみましょう。

文法学習に対する生徒の実態のチェックリスト

文法学習に対する生徒の実態を次のリストを使って確認してみましょう。

	そう思わない　　　　そう思う
□ 文法を学ぶ目的が明確である	
□ 文法を学ぶことが好きである	
□ 基本的な語彙が身についている	
□ 学んだ文法事項が身についている	
□ 文法用語を理解している	
□ 文法説明をしっかりと聞いている	
□ 文法の基本的な練習に積極的に取り組む	
□ コミュニケーション活動に積極的に取り組む	
□ ミスを気にせずチャレンジする	

　このように、文法学習に対する生徒の実態を捉えてみることで、文法指導においてどのような工夫をすべきかを考えるヒントが見えてきます。例えば、文法を学ぶこと自体が苦手な生徒であれば、文法の説明をどのように簡潔にすべきかを工夫する必要があります。また、どのような語彙を生徒が身につけているかによって、活動で使える語彙が決まってきます。文法用語を理解していない場合には、より噛み砕いた文法用語を使う必要がある場合も考えられます。文法の間違いに対して不安を感じる生徒が多い場合は、活動の前に十分に練習を行ったり、ミスをしてもなんとか活動を続ける方法を教えたりする必要もあるでしょう。

(3) 生徒の文法知識や技能のレベルを考える

　授業を考える際には，生徒がこれまで習った文法について確認したり，これから習う文法についてどのように学習するかを予想したりすることも大切です。皆さんの生徒たちの文法知識に関する実態をチェックしてみましょう。

生徒の文法知識や技能に関するチェックリスト

生徒の文法知識や技能について次のリストを使って確認してみましょう。

- □ どのような文法事項を既に習ってきているか？
- □ これまでの文法事項でつまずいていることはないか？
- □ 既習の文法事項を含む文の意味を聞いて（読んで）理解できるか？
- □ 既習の文法事項を使って口頭で（書いて）メッセージを表現できるか？
- □ 新出の文法事項を学ぶ上で，興味を示しそうな箇所はどこか？
- □ 新出の文法事項を理解する際に，混乱しそうなところはあるか？
- □ 新出の文法事項を活用する場合に，つまずきそうな箇所はどこか？
- □ 新出の文法事項の学習をどこまでなら達成できそうか？

　生徒たちはこれまでに何を習ってきていて，既習事項がどの程度身についているかを考えてみることで，どのような補助が必要かがわかります。また，何を復習すべきか，どのように説明すべきか，練習や活動で使わせる文を何にするかが決まってきます。

　また，新出の文法事項を学習する上で，生徒はどこでつまずきそうかを予想してみることで，指導や活動を行う中で，どこの部分を丁寧に準備し指導すべきかが見えてきます。

(4) 生徒の興味関心を考える

　生徒たちが，日ごろどのように行動し，どのような分野に興味をもち，どのような活動に関心を示すかなどを教師が知っていることは，文法指導を工夫する上で大きく役立ちます。
　生徒の知的好奇心の対象は，生徒の年齢や学年によっても異なります。次のチェック項目を使って，皆さんの生徒たちがどのようなことに興味関心がありそうかチェックしてみましょう。

生徒の興味関心に関するチェックリスト

生徒の興味関心について次のリストを使って考えてみましょう。

- ☐ 今話題になっている人物や場所は？
- ☐ 生徒が楽しんでいる授業や学校行事は？
- ☐ 生徒が夢中になっている趣味や活動は？
- ☐ 生徒が友達や家族としている会話の内容は？
- ☐ 生徒が行きたい場所や会いたい人は？
- ☐ 生徒がよくした遊びや思い出は？
- ☐ 生徒が気になるニュースは？

　いかがでしょうか。これらの項目は一例にすぎませんが，このように，日ごろから生徒の興味関心を探っておくと，文法指導の例文や活動を考えるためにとても便利です。生徒との会話から生徒がどのようなことに関心をもっているのか情報収集をしたりしてアンテナを高くしておくとよいでしょう。
　一方で，生徒の生活範囲は教師が考えているよりも限られていることがあります。生徒の興味関心を広げてみることも大切です。教師が意図的に，季節の移り変わりや身近な出来事を話題にしたり，ニュースや新聞で出てきた話題を扱ったり，教師自身の体験を取り上げたりすることもよいでしょう。

生徒の興味関心を考える視点

☐ 生徒の話題になっていることは？
（人気の先生，人気の場所，イベント，食べ物，テーマパーク，など）

☐ 生徒が楽しんでいることは？
（好きな科目，実習や実験，学校行事，放課後の活動，音楽，など）

☐ 生徒が今がんばっていることは？
（特技，習い事，部活動，生徒会，ボランティア，趣味，コンテスト，など）

☐ 生徒がよくする会話は？
（休日の過ごし方，読書，旅行，学校行事，地域の祭り，など）

☐ 生徒があこがれていることは？
（あこがれの人物，行きたいところ，買いたいもの，してみたいこと，夢，など）

☐ 生徒の思い出は？
（好きだった絵本，思い出の品，小さい時の写真，よくした遊び，など）

☐ 生徒が気になるニュースは？
（流行の服，宇宙開発，地域の話題，日本のこと，世界のこと，など）

3.1 生徒の実態について考える

第3章 生徒把握と指導目標について考える

3.2 指導目標について考える

■ 指導目標をしっかりと見据える

　指導目標を考えることは，文法指導の準備としてもっとも大切なことの1つです。目標が明確であれば，教師は指導する内容や方法を考えやすくなります。また，生徒の文法知識や技能をどのように評価すればよいかも決まってきます。しかし，目標設定が重要であるにもかかわらず，私たちは，文法指導における目標設定に関して深く考える機会はあまり多くありません。

　次のリストをもとに指導目標の設定に関する課題についてチェックしてみましょう。

指導目標の設定に関するチェックリスト

文法指導における目標設定に関する課題をチェックしよう。

- □　生徒が将来身につけてほしい姿をイメージできない。
- □　何のために文法を指導しているのかあいまいである。
- □　文法指導の目標の表現を具体的にできない。
- □　文法の何をどこまで指導するのかはっきり説明できない。
- □　なぜその説明や活動を行うのか明確になっていない。
- □　文法の何をどのように評価すればよいかわからない。

　このように，何のために文法を指導しているのか，文法の何をどこまで指導すればよいのか，どのように文法を指導すればよいのか，何をどのように評価すればよいのか，など課題は多いものです。図2のように目標設定には，長期的な視点，中期的な視点，短期的な視点があります。ここでは，文法指導の短期的な視点である，個々の授業での指導目標について考えてみることにします。短期的な視点とは，1つの授業の目標と授業内の展開ごとの指導ポイントを指します。

1. 長期的な視点

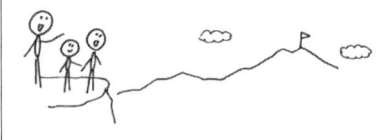

長期的な視点とは，卒業後も，様々な文法を学習し，最終的には豊かなコミュニケーションができるようになってほしいという生徒に対する教師の願いです。何のために文法を指導しているのかを忘れないためにも，どのような生徒に育ってほしいのかを常に念頭に置きます。

2. 中期的な視点

中期的な視点とは，学期や学年で学んだ文法を使って，このようなことができるようになってほしいというイメージをもつことです。文法が使われる場面をできるだけ具体的にしておくことで，指導目標が具体的になります。

3. 短期的な視点

短期的な視点とは，1つの授業の目標と授業での展開ごとの指導ポイントの2つを指します。授業の目標では，その授業で何をどこまでできるようにするかを明確にします。また，展開ごとの指導ポイントでは，展開ごとに行う活動の目的が何であるのかを明確にします。

図2．目標設定のイメージ

3.3 目標を考える前に知っておきたいこと

■ 学習者の文法習得メカニズム

文法指導の目標を考える上で大切なポイントを3つに絞って見てみましょう。3つのキーポイントは次の通りです。

1) 文法には形式・意味・使用の側面がある
2) 文法の知識と技能は異なる
3) 理解と表現の2つの処理がある

(1) 文法には形式・意味・使用の側面がある

1つ目のポイントは，文法には形式・意味・使用の側面があるということです。文法を知っているとは，文法の形式と意味と使用の3つの側面を知っているということです。文法の形式（form）とは，その文法を使った文がどのように形づくられるかを知っていることをさし，意味（meaning）とは，その文がどのような意味をもっているかを知っていることをさします。そして，使用（use/function）とは，いつ・なぜ・どのような場面で，その文法が使われるのかを知っていることをさします。これら文法の形式・意味・使用の3つの側面を知っていてはじめて，その文法をコミュニケーションで正確かつ適切に使いこなせることになります。

(2) 文法の知識と技能は異なる

2つ目のポイントは，文法の知識と技能は異なるということです。文法の規則を知っているということと，コミュニケーションのために文法規則を使いこなすことは別物であるということです。この違いは，水泳の例でも考えることができます。水の中で泳ぐための腕や足の使い方を説明することができても，実際に水の中で泳げるとは限りません。それは腕や足の使い方に関する知識はあっても，実際に泳ぐ技能が備わっていないからです。同じように，学習者が英語でコミュニケーションができるようになるためには，文法

> **教師が知っておくべき文法習得のポイント**
>
> ☐ **文法には形式・意味・使用の側面がある**
>   文法知識の獲得には，文法の形式と意味と使用を結びつけることが必要です。
>
> ☐ **文法の「知識」と「技能」は異なる**
>   文法の習得には，文法に関する知識だけでなく，文法を使いこなす技能も必要です。
>
> ☐ **「理解」と「表現」の2つの処理がある**
>   文法の習得は，理解すること（インプット）と表現すること（アウトプット）の両方の処理を繰り返す中で進みます。

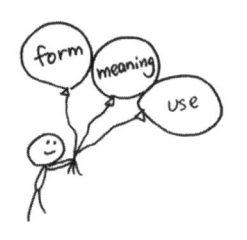

知識をもっていると同時に，リアルタイムで行われるコミュニケーションの中で，その文法規則をスムーズに使いこなすことができる技能を身につけている必要があります。

(3) 理解と表現の2つの処理がある

3つ目のポイントは，文法を使いこなすということには，文法を含んだ文を理解すること（インプット処理）と，文法を使って表現すること（アウトプット処理）の2つの異なる処理が含まれるということです。理解と表現の処理には，それぞれ音声によるものと文字によるものがあります。理解には「聞いて理解すること」と「読んで理解すること」が含まれ，表現には「話して表現すること」と「書いて表現すること」が含まれます。相手のメッセージを理解する処理と自分の伝えたいメッセージを表現する2つの処理ができてはじめて，コミュニケーションが可能となります。

第3章 生徒把握と指導目標について考える

3.4 指導目標の表現を具体的にする

では，文法指導において，どのような指導目標を立てればよいのでしょうか。まず，指導目標を設定する上でよくある問題点について考えてみましょう。文法に関する指導目標で，次のような目標をよく見かけます。

> **Example 1**
> "There is (are) 〜." の意味を理解し，正しく活用することができる。

これは，"There is (are) 〜."の指導目標ですが，この目標の何が問題なのでしょうか。この目標では，この文法のどのような意味を生徒は理解し，生徒はどのように文法を使用できるとよいのかあいまいです。他の文法項目の指導目標を設定する際にも，「〜の意味を理解し，正しく活用することができる」という同じ表現が使われることも予想できます。

教師がどのようにその文法の特徴を捉え，その文法を生徒はどのように活用することができるとよいのかもっと具体的にイメージできる表現を使う必要があります。次の例を見てみましょう。

> **Example 2**
> ○ "There is (are) 〜." は「〜がある」という意味を表わし，物や人の存在を述べるときに使われることを理解することができる。
> ○ "There is (are) 〜." が使われている観光地の説明書を読んで内容を理解することができる。
> ○ "There is (are) 〜." を使って，自分たちの住む町の中にある公共施設を，町をよく知らない人に説明することができる。

この例のように，指導目標の表現を具体的にすると，生徒が最終的に何を理解し，生徒はその文法を使って何ができるようになるべきか具体的に捉えることができます。

では，どのようなことに注意して指導目標を立てれば，具体的になるのでしょうか。次の2つの観点に分けて，指導目標を考えることにします。

1) 知識としての文法という観点
2) 技能としての文法という観点

（1） 知識としての文法という観点から考える

知識としての文法を教えるということは，ターゲットとする文法の形，意味，使用を理解した状態にするということです。文法の知識に関して目標を設定する場合，次の表1のように，文法の形式・意味・使用という視点を押さえることになります。つまり，文法をどのように形づくればよいか知っている，その文法がどのような意味を表しているかわかる，そして，その文法がどのような場面でどのような働きをするのかを知っているということです。

表1．"There is (are) 〜."の指導目標例

側面	ポイント	指導目標の表現例
形式	文法がどのように形成されているか？	"There is (are) 〜."という形であることを知っている
意味	文法がどのような意味を表しているのか？	「〜が（…に）ある（いる）」という意味を表すことを知っている
使用	文法がどのような場面でどのような働きをするのか？	物や人の存在を理解する（説明する）ためのものであることを知っている

文法の形式・意味・使用に関して，「〜を理解する」，「〜が分かる」，「〜を知る」などの表現を使って指導目標の文をつくることになります。したがって，文法がどのように形作られ，どのような意味を表し，どのような働きをするのか，という3つの側面から文法の特徴を前もって捉えておきましょう。

(2) 技能としての文法という観点から考える

　次に，技能としての文法という観点で目標設定を考えてみます。技能として文法を教えるということは，習った文法を使って，メッセージを理解したり表現したりしてうまくコミュニケーションができる状態にすることであり，「～を理解することができる」，「～を表現することができる」などの表現が使われることになります。その際に大切になってくることは，生徒がその文法を使ってどのような場面で何ができるようになるかを具体的にイメージすることです。そのためには，文法の働きと使用場面の2つの側面を教師がしっかりと考えておくことが必要です。

　○　文法の働き
　○　文法の使用場面

　文法の働きとは，コミュニケーションを行うためにどのようにその文法が役立つのかということです。使用場面とは，その文法がどのような場面で使われるのかということです。次の"There is (are) ～."の場合を例に見てみましょう。

表2．"There is (are) ～."の指導目標例

	指導目標の表現例
働き	物や人の存在を述べるときに使われる
使用場面	観光地の説明書を読んで，どこに何があるか情報を読み取ることができる
	自分たちの住む町にある公共施設を，町をよく知らない人に説明することができる

　"There is (are) ～."の場合，文法の働きとしては，物や人の存在を述べるときに使われるということがあり，使用される場面としては，観光地の説明書の情報を読み取ったり，自分たちの住む町にある公共施設を，町をよく知らない人に口頭で説明したりする場面が考えられます。
　このように，文法の働きと使用場面を具体的にイメージできる表現を使って指導目標を立てることが大切です。

文法指導における指導目標の例

☐ 助動詞 can
　（知識）○「主語＋助動詞 can ＋動詞」の形で「〜できる」の意味を表し，自分ができることについて説明する働きを理解する，など
　（技能）○ can を使った会話を聞いて，誰が何をできるのかを正しく理解することができる，など
　　　　○ can を使って，自分のできることを正しく説明することができる，など

☐ 現在進行形
　（知識）○「主語＋be 動詞＋動詞の ing 形」の形で「〜しているところだ」の意味を表し，今現在していることについて説明する働きがあることを理解する，など
　（技能）○ 現在進行形を使った会話を聞いて，今誰が何をしているところかを正しく理解することができる，など
　　　　○ 現在進行形を使って，今誰が何をしているところかを正しく伝えることができる，など

☐ 現在完了形
　（知識）○「主語＋have（has）＋動詞の過去分詞」の形で「〜したことがある」の意味を表し，経験したことを説明する働きがあることを理解する，など
　（技能）○ 現在完了（経験）を使った会話を聞いて，インタビューの内容を正しく理解することができる，など
　　　　○ 現在完了（経験）を使って，自分が経験したことについて正しく表現することができる，など

3.4 指導目標の表現を具体的にする

〈英語教育コラム③〉
アフォーダンスと文法指導

アフォーダンスとは
　Gibson (1979) は，人と行為と環境との関係をアフォーダンス (affordance) という造語を使って説明している。アフォーダンスとは，環境に存在する事物がもつ「意味」である。人間は，環境の中に埋め込まれたアフォーダンスを直接的に知覚することにより，その行為を成立させている。言い換えれば，環境の中に組み込まれたアフォーダンスが，人の行為を誘発するという考え方である。例えば，人の腰より低い，ある程度の広さがある平らな面は，人が腰掛けることをアフォードしている。水は飲むことをアフォードしていて，呼吸をアフォードすることはない。したがって，私たちは，アフォーダンスにあふれた環境の中で生活していることになる。
　自然な言語習得の過程においても学習者の周りには無数のアフォーダンスが存在する。つまり，学習者が行っていることは，環境の中のアフォーダンスを発見することであり，特定の場面や出来事と結びついた文法構造の意味や機能を発見することであると言える（佐々木, 2008）。
　学習者がインプットに触れる中で言語パターンを認識して習得が進んでいくと考える用法依拠モデル（Usage-based model）をもとに，Lieven and Tomasello (2008) は，形式・意味・機能の結合を促す3つの要因を示した（表）。第1に，出現の頻度が高い文法構造ほど学習されやすいとされる。第2に，言語情報あるいは言語外情報に手掛りのあるときほど，文法構造の形式・意味・機能の結合が起こりやすいとされる。第3に，文法構造が含まれる文の構造が単純であるほど認識されやすいというものである。これらの要因が揃う状態ほど，新しい文法構造の形式・意味・機能が結合されやすく，習得されやすくなる。

文法指導への示唆
　英語教育における文法指導に応用するとすれば，授業に存在するアフォーダンスの中から，ある特定のアフォーダンスを生徒が知覚しやすいよう教師が工夫することが重要であると解釈できる。授業への生徒の参加を促すために，授

表. 形式-意味-機能の結合を促す3要因

要素	特徴
出現の頻度 （frequency）	使用の頻度が高い文法構造ほど学習されやすい
文脈の一貫性 （consistency）	言語（外）情報に妥当性のある手掛かりがあるときほど，文法構造の形式-意味-機能の結合が起こりやすい
構文の複雑さ （complexity）	文法構造が使われている構文が単純であるほど学習されやすい

（Lieven & Tomasello, 2008 をもとに筆者が改編したもの）

業環境にアフォーダンスを適切に配置できれば，仮に言語的な指示がなくても，生徒は知覚したアフォーダンスに誘われるように授業に参加し，その結果，言語の学習もより良く進行するという仮説が成り立つ。言い換えれば，文法指導において私たち教師が，どれだけ生徒に文法の意味と機能を発見することをアフォードする準備ができるかが，英語授業における文法指導の成否を決めるものと考えられる。文法構造の意味と機能を生徒に発見させるアフォーダンスには，例えば，語彙や文脈を変えてどれだけ文法に触れさせるか，具体的な場面や文脈をどのように提示することができるか，そして，どれだけ構造がシンプルな例文を提示することができるか，などが考えられる。

◆参考文献

佐々木正人（2008）.「第10章：『ことばの獲得』を包囲していること」小林春美・佐々木正人編『新・子どもたちの言語獲得』東京: 大修館書店

Gibson, J. J. (1979). *The Ecological Approach to Visual Perception*. Houghton Mifflin Company. ［古崎敬・古崎愛子・辻敬一郎・村瀬旻共訳（1985）『生態学的視覚論』東京: サイエンス社］

Lieven, E. & Tomasello, M. (2008). Children's first language acquisition from a usage-based perspective. In P. Robinson & N. C. Ellis, (Eds.) *Handbook of Cognitive Linguistics and Second Language Acquisition* (pp. 168-196). NY: Routledge.

文法指導のステップについて考える

▼

4.0 文法指導のステップを考える　74

▼

4.1 導入：「何だろう？」をつくり出す　78

▼

4.2 説明：「なるほど！」をつくり出す　98

▼

4.3 練習：「できそう！」と感じさせる　116

▼

4.4 活動：「できた！」と感じさせる　136

4.0 文法指導のステップを考える

■ 第二言語習得のプロセス

　第二言語習得は，図1で見るようなプロセスを踏むと考えられています。音声や文字としてインプット（input）を学習者が受け取る中で，新しい言語構造への気づき（noticing）が生まれます。インプットやアウトプットの処理を繰り返す中で自動化（automatization）が進み，学習者の言語知識として組み込まれていきます。そして，その蓄えられた言語知識を活用して，音声や文字としてアウトプット（output）することができるようになります。また，学習者が表出したアウトプットに対する他者からのフィードバック（feedback）も第二言語習得を促す重要な要素として考えられています。

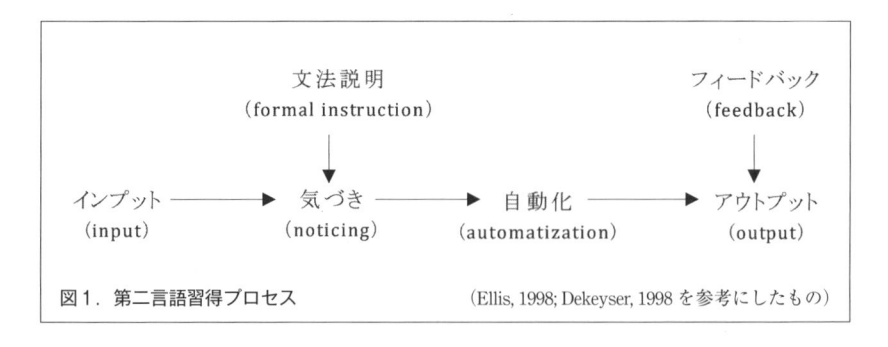

```
                文法説明                        フィードバック
            (formal instruction)                  (feedback)
                   ↓                                 ↓
 インプット  →  気づき   →   自動化      →    アウトプット
  (input)     (noticing)   (automatization)       (output)
```

図1．第二言語習得プロセス　　　（Ellis, 1998; Dekeyser, 1998 を参考にしたもの）

■ 文法指導の役割

　では，この第二言語習得のプロセスに文法指導（formal instruction）はどのように関わってくるのでしょうか。文法指導とは，「生徒の意識を特定の文法規則に向け，その文法の形式・意味・機能を結びつける明示的な指導」をさします。本書では，文法指導は，「導入」，「説明」，「練習」，「活動」の4つのステップから構成されるものとして捉えます。

文法指導における「導入」には，新しい文法を含む文を生徒にインプットとして与え，その文法の形式・意味・機能を気づかせるきっかけをつくりだす役割があります。生徒が興味をもてるインプットを与えることができれば，積極的に文の意味を推測させたり，場面や文脈からその文法が使われる目的を考えさせたりすることができます。

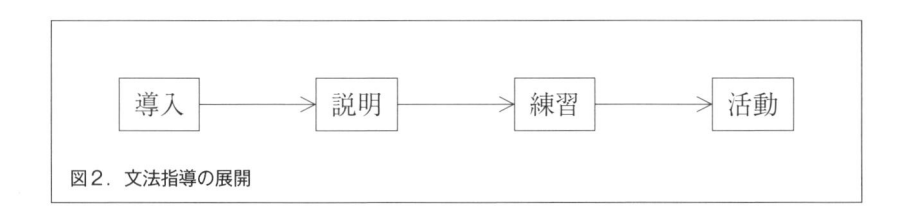

```
導入 → 説明 → 練習 → 活動
```
図2．文法指導の展開

　「説明」には，導入で示された文法を含む例文を提示したり口頭で説明したりしながら，形式・意味・機能を生徒にしっかりと理解させるという役割があります。導入で生徒が気づいたことを確認したり，また気づかなかった生徒に対しても，その文法がどのような形式や意味，そして機能をもっているか，わかりやすく提示することが大切です。

　「練習」には，新しい文法の処理を自動化させる役割があります。インプットとアウトプット処理を繰り返し，文法の形式と意味のつながりを強化し，目標文法項目を含んだ文を素早く処理できるようにします。練習には様々な方法があるため，生徒の実態や文法の特性に応じて練習させるとよいでしょう。そうした練習を通して文法規則を正確に操作できるようになったら「活動」を行います。

　「活動」では，実際のコミュニケーションに近い形で，新しく学んだ文法を口頭あるいは筆記で活用させ，文法の形式・意味・機能の結合を促し，文法の定着を図ります。活動の最中や活動後に，教師，あるいは，他の生徒からフィードバックを得ることができれば，文法への理解をさらに深めることができます。

　このように，第二言語習得のプロセスと，文法指導のステップには密接な関係があります。第二言語習得のプロセスを念頭に置きながら文法指導を行っていくと効果的です。

■　4つのステップの流れ

　文法指導においては,「導入」,「説明」,「練習」,「活動」の4つのステップの役割を認識し,それぞれのステップを1つの流れとして考えデザインしましょう。実際のコミュニケーションの場面で正しく使えるようにするために「活動」があり,その活動をスムーズに行うために「練習」があります。新しい文法の形式・意味・機能をしっかりと理解させるために「説明」があり,そして,新しい文法を学ぶ動機をもたせるきっかけとしての「導入」があるのです。

　このように,文法指導においては,「導入」,「説明」,「練習」,「活動」のどれ1つとっても,欠かすことはできません。コミュニケーションの中で使える文法を効果的に指導していくためには,文法指導のゴールを意識し,ステップの一貫した流れを見据えて考えていくことにしましょう。

Q & A BOX

Q. 導入や言語活動の時間をなかなか取ることができません。どうすればよいでしょうか。

A. 導入に使う時間は短いもので1分,長くても10分程度です。教師のスモールトークやALTとの会話を聞かせるなど,短時間でも行うことが可能です。時間を割いて導入することが遠回りのように思えるかもしれませんが,新しい文法を学習することに対する生徒の動機づけをする意味で価値があります。導入でうまく生徒の動機づけができると,その後の説明や練習にも生徒は集中します。また,言語活動についても,どのタイミングでどのようなタイプの活動を行うかあらかじめ決めておくとよいでしょう。ペアで会話をさせる活動をしたり,自分のことについて1～3文で書かせたりするなど,準備時間を必要としない簡単に行える活動もあります。本書の活動を参考に,生徒の英語力や知的レベルに応じた活動を探してみましょう。

文法指導における4つのステップ

- [ ] 導入：「何だろう？」をつくり出す
  導入では，音声や文字のインプットを与え，新しい文法に気づかせます。文法の形式・意味・機能に気づくよう工夫し，生徒の興味関心を引き出します。

- [ ] 説明：「なるほど！」と感じさせる
  説明では，文法規則を説明し，文法の形式・意味・機能を理解させます。例文を用いて文法の特徴を捉えることができるよう工夫し，生徒の理解を確実にします。

- [ ] 練習：「できそう！」と思わせる
  練習では，新しい文法の処理の自動化を促します。インプットやアウトプットを繰り返し，文法の形式・意味・機能を結びつけ，生徒に自信をもたせます。

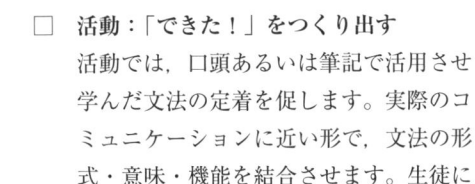

- [ ] 活動：「できた！」をつくり出す
  活動では，口頭あるいは筆記で活用させ学んだ文法の定着を促します。実際のコミュニケーションに近い形で，文法の形式・意味・機能を結合させます。生徒にフィードバックを返し，達成感をもたせます。

4.0 文法指導のステップを考える

第4章 文法指導のステップについて考える

4.1 導入:「何だろう?」をつくり出す

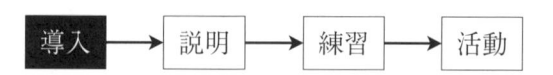

導入 → 説明 → 練習 → 活動

■ 文法指導における導入とは

ここでは,文法指導の導入の方法について見ていきましょう。文法指導における導入の役割は,新しい文法を学ぶ意欲を生徒にもたせることです。導入の段階で,文法を学ぶ動機をもたせることができれば,その後の指導をスムーズに進めることができます。

■ 良い導入とは

では,文法指導における良い導入とはどのようなものでしょうか。良い導入の条件は次の3つです。

1) 新しい文法の使用場面を示し,働きや意味を気づかせる
2) 新しい文法を学ぶ必要性をつくりだす
3) シンプルである

導入では,新しく学ぶ文法がコミュニケーションの中でどのように役立つかを具体的な場面の中で提示することで,その文法の働きや意味を生徒に気づかせることになり,その後の文法説明がスムーズになります。また,生徒のもっている文法の知識では十分に対応できないことに気づかせることで,文法を学ぶ必要性を実感することができます。しかし,導入を凝ったものにしすぎると,時間がかかって説明や練習のための時間が足りなくなってしまうことになります。本質を捉えた導入を心掛けたいものです。

これらのポイントに注意することで,新しい文法の形式と意味と機能に生徒が気づきやすくなる導入ができます。次に,文法指導の導入の方法のコツを見ていきましょう。

良い導入の3つの条件

☐ **使用場面を示し，働きや意味を気づかせる**

新しい文法を導入する際には，使用場面や例文の内容などを工夫しましょう。身近で具体的な使用場面をイメージさせることができれば，文法の働きや意味を生徒に気づかせることができます。

☐ **文法を学ぶ必要性を感じる**

生徒のもっている知識では十分に表現できないことがあることに気づかせ，どのように表現すればよいか必要性を強く感じさせるような導入をしましょう。

☐ **シンプルである**

導入に時間をかけすぎていては，その後の指導の時間が足りなくなります。提示方法がシンプルであれば，生徒の気づきを促しやすくなり，生徒の注意を文法指導に向けやすくなります。

文法指導の導入のコツ

☐ オーラルイントロダクションを行う
☐ オーラルインタラクションを行う
☐ ALT とティームティーチングを活用する
☐ 日本語で場面設定をする
☐ 教科書本文を活用する

4.1 導入：「何だろう？」をつくり出す

第4章 文法指導のステップについて考える

(1) オーラルイントロダクションを行う

新しい文法を学ぶ必然性をどのようにつくり出せばよいのでしょうか。具体例をもとに考えてみましょう。次の例は，文法指導でよく見られる導入です。

Example 1

〈次の文を板書しながら〉
今日学習する文法はこれです。
This is a book which I bought yesterday.
「これは昨日私が買った本です」という意味です。

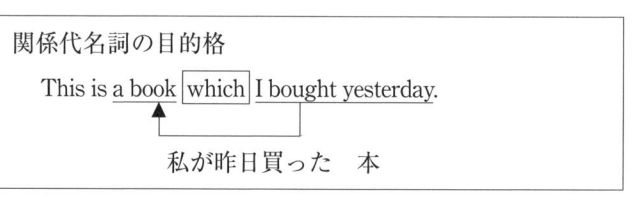

関係代名詞の目的格
This is a book which I bought yesterday.
　　　　　　私が昨日買った　本

この例では，導入の段階でいきなり例文を板書し，関係代名詞の説明を始めています。導入の段階から，すぐに文法の説明を始めてしまうと，生徒は，関係代名詞がコミュニケーションの中でどのような働きをするかを知らずに，教師の説明を聞くことになります。つまり，文法を学ぶ必要性をほとんど感じないまま，その後の文法指導が進んで行きます。

では，次の例はどうでしょうか。Example 2 を見てみましょう。この例では，関係代名詞を含む文が，どのような場面で使われるのかを，身近な場面で提示しています。そして，実物のアメリカの地図を示しながら，"This is a map which my wife bought in the USA." という目標文法項目を含んだ文を提示し，生徒がその文法の意味を推測できるよう工夫しています。その文法が，いつ，どのような場面で，どのような目的で使われるのかといった機能の面にも気づくことができます。

このように，教師が口頭で英語を使いながら導入することをオーラルイントロダクション（oral introduction）と言います。

Example 2

Look at this map.
〈アメリカの地図を見せながら〉
This is a map which my wife bought in the USA. There are 3D pictures of buildings and mountains.
This is very nice. I like it very much.

　オーラルイントロダクションは，新しい文法を授業で導入する1つの方法です。オーラルイントロダクションでは，教師が新しい文法を含む文を使って英語で生徒に話しかけ，教師の話を聞いて理解するなかで，生徒が新しい文法の意味や機能に気づくように促します。オーラルイントロダクションを行う利点は，教師が自分で考えた話題や場面の中で，新しい文法を使っている様子を生徒に実際に見せることができる点にあります。その際，生徒が興味を示すような話題や場面を考え，導入を行うことがポイントです。新しい文法以外は，生徒が既に学んでいる語彙や表現を使って話すことも重要です。
　では次の例を見てみましょう。

Example 3

〈母と息子が会話している絵を見せながら〉
This is a conversation between a son and his mother at home. Listen carefully.
母：　　Are you all right?
息子：　I don't feel very well.
母：　　What happened?
息子：　Well, I have a fever.
母：　　You must not go out today.
　　　　All right?

　この例は，助動詞 must の否定形を導入している例です。ここでは，熱があって具合の悪い息子に対する母親の一言の中で，"You must not go out today." の文を導入しています。"must not" は，「～してはいけない」と禁止

4.1

導入：「何だろう？」をつくり出す

第4章　文法指導のステップについて考える　　81

を表す強い意味をもつことを，生徒はこの文脈からなんとなく理解できるはずです。このように，オーラルイントロダクションを使って文法の導入を工夫すれば，文法の形式・意味・働きを生徒に気づかせるきっかけをつくり出すことができ，その後の文法説明や練習，言語活動がスムーズに進みます。

　また，音声のみで英語を聞かせると，生徒が理解しにくいことがあります。そこで，この例のように，どのような場面での会話であるかを生徒がイメージしやすいように，会話している2人の絵を使って，ビジュアル情報による手掛かりを提示するとよいでしょう。

Q & A BOX

Q. 教師が英語で話し始めると，聞いてくれない生徒がいます。どうすればよいでしょうか。

A. 英語に苦手意識のある生徒や，英語の音声を聞き取ることが不得意な生徒は，英語で話し続けられるとあきらめてしまうことがよくあります。そのような生徒がいるクラスでは，教師が英語で話す目的が「たくさんの英語に触れてもらうため」であり，「多少わからなくても気にしないで聞こうとすることが大切だよ」と，その目的や方法を教えておくとよいでしょう。また，重要なところを繰り返したり，ゆっくり話したりするほかに，写真や絵を使ったり黒板にヒントとなることを書いたり，実物をもってきたりして，英語が苦手な生徒でも「何だろう？」と興味をもてる内容にしたり，見ていれば何となくわかるようにしたりしておくと効果的です。

　教師の話す内容に本当に伝えたいと思うことやメッセージが含まれているかということも1つのヒントになるでしょう。例えば，教師とALTが実際に話していたときにあった話題や感心したこと，教師が海外で経験したトラブルや助けてもらったことなどを題材にして，生徒に伝えたいことが含まれていると英語の苦手な生徒でも関心をもって聞いてくれることがあります。

オーラルイントロダクションをつくるヒント

☐ **写真を使って導入する**
〈現在完了（継続）〉
（担任の先生の写真を使って） 
Who is this? Yes, it's Mr. Sato.
He came to Osaka twenty years ago.
He has lived in Osaka for twenty years.
So he can speak perfect Kansai dialect now.

☐ **動画を使って導入する**
〈現在進行形〉
（ビデオ撮影しながら教師が解説している動画を見せて） 
Hi, everyone.
I'm in the teachers' office now.
Look at Mr. Suzuki.
He is eating lunch now.
Look over there. Ms. Ueno and Mr. Ito.
They are talking now.

☐ **2人が会話している場面の絵で導入する**
〈How about〜?〉
（TomとMaryが会話している絵を見せながら） 
Tom： What do you want to do next Sunday?
　　　Do you want to go to the park?
Mary： No. I don't want to go outside.
　　　It will be very hot on Sunday.
Tom： How about going to see a movie?
Mary： That's nice.

4.1 導入：「何だろう?」をつくり出す

第4章　文法指導のステップについて考える

(2) オーラルインタラクションを行う

オーラルインタラクション（oral interaction）とは，教師と生徒が英語でやりとりする中で，新しい文法を導入していく方法です。新しい文法を使って教師は生徒に説明をしたり質問を投げかけたりして，生徒から答えを引き出しながら教師とのコミュニケーションに直接参加させて導入を行う手法です。実際のやりとりを作り出すことにより，コミュニケーションの中でどのように文法が使われるかを実感させることができます。

次の例は，"I like 〜ing." を使った動詞の目的語にくる動名詞の導入例です。

> ***Example 4***
>
> Look at these pictures. 〈テニスと野球の絵を見せながら〉
> ● What sport do you like? Yukio?
> ○ I like baseball.
> ● I like baseball, too.
>   I watch baseball on TV.
>   I like watching baseball. 〈見るジェスチャーをしながら〉
>   But I don't like playing baseball. 〈野球のジェスチャーをしながら〉
>   Which do you like, playing baseball or watching baseball?
> ○ I like watching baseball.
> ● You like watching baseball.
> ● How about tennis?
>   Do you like tennis? Keiko?
> ○ Yes. I like tennis.
> ● Which do you like, playing tennis or watching tennis?
> ○ I like playing tennis.
> ● Oh, you like playing tennis. Great!

まずは，生徒が好きなスポーツについて尋ねることから，導入を始めています。野球についての話題から始め，次に，教師自身も野球が好きであることを伝え，野球を見るのは好きだけれど，実際にするのは嫌いであることをジェスチャーを交えて伝えています。この導入の中で，生徒は "like〜ing" の形で「〜することが好きである」という意味を表せることを気づかせるきっかけをつくり出すことができます。このように，オーラルインタラクショ

ンでは，生徒との英語のやりとりをしながら，新しい文法を自然に導入できる利点があります。

　オーラルインタラクションは，新しい文法の疑問文や否定文などの形を導入するときにも有効です。次の例を見てみましょう。現在完了の経験用法の疑問文の導入例です。

Example 5
　〈富士急ハイランドの写真を見せながら〉
　● Where is this picture?
　○ Fujikyu High Land.
　● Right.
　　This is Fujikyu High Land.
　　Have you ever been to Fujikyu High Land?
　○ Yes.
　●〈ジェットコースター『高飛車』の写真を見せ〉
　　Look at this picture. What is this?
　○ 高飛車！
　● It is a roller coaster called "Takabishya."
　　I have never ridden it. Have you ever ridden "Takabishya"?
　○ Yes!
　● How many times have you ridden it?
　○ Three times.
　○ Twenty times.
　● Really? I can't believe it! How was it?

　生徒にとって身近な話題である遊園地に行った経験やジェットコースターに乗った回数を取り上げて生徒とのやりとりをすることで，"Have you ever 〜?" の形がこれまでの経験を尋ねるための表現であることを生徒に気づかせることができます。

　オーラルインタラクションのコツは3つあります。1つ目のコツは，生徒が答えたくなるような話題にすることです。生徒が興味のあることや話したいと思うトピックを取り上げると，授業に集中し答えようとします。生徒がのってくるような身近な話題は何かを考え，オーラルインタラクションに活

4.1 導入：「何だろう？」をつくり出す

第4章　文法指導のステップについて考える　　85

用してみましょう。2つ目のコツとして,教師も簡単な英語を使うと同時に,生徒も簡単な英語で答えることができるようにすることです。例えば,"Yes."や"No."だけでも答えることができたり,英単語1つだけでも応答できる問いであれば,積極的に答えてくれます。3つ目のコツは,教師は,生徒から完璧な答えを求めないことです。教師は間違っていると気になるものです。しかし,完全な英語で発話するのは生徒にとって難しいものです。教師が生徒の間違いに対して寛容であれば,生徒は間違ってもいいから返答しようとします。

Q & A BOX

Q. 静かな生徒の多いクラスでもオーラルインタラクションができますか。

A. 静かな生徒の多いクラスの場合は,教師にとっても生徒が反応してくれないのではないかと不安になるかもしれません。そのようなクラスでは,教師と生徒のインタラクションを行う前に,ペアワークを取り入れるとよいでしょう。まず,ペアで相談するように指示し,2人で話している間に机間巡視をします。机間巡視している間に,生徒がどのようなやりとりをしているか個別に観察しておき,意見が出てきている生徒を指名して発表させれば,自信をもって答えてくれます。ペア同士でやりとりができるようになってくると,教師もオーラルインタラクションが少しずつやりやすくなってきます。

導入でのトピック例

生徒にとって身近な場面をつくりだすために，次のような3つのトピックが考えられます。文法の特徴や，生徒の実態，指導目標に応じて，使い分けましょう。

☐ **教師自身のことを活用する**

教師のことは生徒にとって身近な話題になります。
〈例　過去進行形の導入〉
昨日の先生のことを話します。よく聞いていてね。
Last night, about nine o'clock John sensei called me. But I couldn't answer the phone. I was sleeping around nine o'clock.

☐ **生徒自身のことを活用する**

生徒のことや気持ちを活用できると，文法を学ぶ必然性が高まります。
〈例　be going to の導入〉
Next month we are going to visit Okinawa! On the first day we are going to fly from Haneda to Naha. On the second day we are going to visit Churaumi aquarium. (写真を見せながら)

☐ **第3者のことを活用する**

教師や生徒以外で，身近な人の話題も活用することができます。
〈例　動詞の三人称単数の現在の導入〉
This is my younger sister. Her name is Eriko. She lives in Kyoto. She is a nurse. She works at a hospital in Kyoto. She likes movies very much. She has 100 DVDs.(写真を見せながら)

4.1 導入：「何だろう？」をつくり出す

第4章　文法指導のステップについて考える

（3） ALTとのティームティーチングを活用する

　文法指導の導入において，ALTとのティームティーチングを活用することもできます。ALT自身のことや経験を尋ねながら新しい文法を導入すれば，その文法が実際に使われる場面を臨場感をもって生徒に体験させることができます。

　次の例は，過去形の導入例です。

Example 6

　私（●）とJohn先生（○）とで会話をします。何について話をしているかな。よく聞きましょう。

● What did you do last Sunday?
○ I went to Asakusa with my friends.
● That's nice. What did you do there?
○ We visited Senso-ji Temple.
● Did you see Tokyo Sky Tree?
○ Yes. We saw Tokyo Sky Tree. It was very beautiful.

　この例では，週末に関するALTとJTEとの会話を使って過去形を導入しています。ALTが実際に体験したことについて会話をすれば，生徒は興味をもって聞きます。ALTとJTEが2人で会話をしながら導入する場合，英語でのやりとりは生徒にとって難しくなりがちです。できるだけ簡単な英語でシンプルなものにすることを心掛け，生徒が理解できるよう繰り返し聞かせたり，重要な部分を強調したりして聞かせることが大切です。

　また，ALTとの会話は，新しい文法の例文を生徒に提示するためだけではなく，授業の後半で生徒が取り組むコミュニケーション活動のモデルにもなります。せっかくALTとの会話を生徒に聞かせていても，さっと文法説明に移ってしまうことがよく見られます。右のページに示したように，会話を聞かせた後には，すぐに文法説明に移らずに，ALTとの会話がどのような内容であったのか，どのような英語での新しい表現が使われていたのかを生徒から引き出しながら，会話の内容と新しい表現を丁寧に確認することが重要です。

会話を聞かせた後の生徒とのやりとり

会話を聞かせた後は，次のように文法の形式や意味に気づかせます。

☐ **何について話していたでしょう？**
What is the topic of the conversation?
生徒が聞いていた会話全体のトピックを確認します。よく理解できていない場合は，再度会話を聞かせたり，ゆっくり発音して聞かせたりして，生徒が理解しやすくします。

☐ **何と言っていましたか？**
What was the key sentence for today?
新しい文法を含む部分の意味を推測させます。なんとなく意味がわかるように文脈を提示するように工夫し，英語が苦手な生徒も参加できるようにします。

☐ **英語で何と言っていたでしょうか？**
How did we say it in English?
新しい文法を英語でどのように表現していたかを確認します。正しく聞き取れていない場合，その部分をゆっくりと発音し，答えさせます。

☐ **このような英語でしたね〈板書しながら〉**
You heard the sentence like this.
新しい文法を含む例文を板書し，次の文法説明につなぎます。

4.1

導入：「何だろう？」をつくり出す

第4章 文法指導のステップについて考える

（4）日本語で場面設定をする

　日本語で場面設定をして，英語の表現を考えさせる導入方法もあります。新しい文法が使われるよくある場面を生徒がイメージできるよう，日本語で場面を設定するという手法です。この日本語を使った場面設定には，短時間で簡潔に導入ができるという利点があります。また，ちょっとした場面設定をすることにより，新しい文法を学ぶ動機付けになります。

　次の例を見てみましょう。現在完了の完了用法の導入例です。

Example 7
- ●学校から家に帰って夕食前の時間です。ちょうど宿題が終わったときに，お母さんから「宿題終わった？」と聞かれました。「ちょうど今，宿題をやり終えたところだよ」とお母さんに言うとすれば，なんて表現すればいい？
- ●使えそうな語句をあげてみましょう。
- ○homework
- ○I finish homework now.
- ○I finished homework.
- ●惜しい。これだけだと，「今ちょうど終わった」という状態は表現できないんだよね。どう言えばいいんでしょうね。新しい表現を英語で言うからよく聞いていてね。
　I have just finished my homework.
- ●どんな英語が聞き取れたかな？
- ○〈生徒は聞き取れたことを答える〉

　この例では，現在完了の導入を時間をかけずに行うために，現在完了の完了用法を必然的に使う身近な場面を日本語で設定し，そのときの状態を英語でどのように表現すればよいかを生徒に考えさせています。

　その後，生徒がすでに知っている語彙をあげさせています。生徒から出てきた意見は板書しておき，生徒から出てきた表現だけでは意図が正確には伝わらないことを伝えます。どのように表現すればよいのか知りたい欲求が出てきたこの段階が，新しい文法を提示する絶好のチャンスになります。教師は新しい文法を含む文を生徒に聞き取らせて提示しています。

　このような導入の利点は，生徒はその場面に置かれた自分を想像すること

になり，英語でどのように言えばよいかを考えることにあります。自分が知っている知識を使って，"I finish my homework." や "I finished my homework." などの表現は出てきますが，この状態を正確に表現することはできません。自分が今持っている知識だけでは十分に表現できないことに気づけば，新しい文法を学ぶ必然性が生まれます。教師から新しい文法を提示されれば，「なるほどこの新しい文法は使えるな」という感覚を持たせることができます。

では，次の仮定法過去の導入の例を見てみましょう。

> ***Example 8***
> - 今日は，みんなが楽しみにしていた体育祭なのに雨が降っています。「晴れていれば，体育祭があったのになあ」と，この残念な気持ちをどう英語で表現すればいい？
> - 使えそうな語句をあげてみましょう。
>   ○ It's fine.
>   ○ sports festival
>   ○ We can
>   ○ We have
>   ○ If
> - 〈生徒から出てきた意見を板書していく〉
> - いろいろ出てきたね。でも，惜しい。これだけでは伝わらないんだなあ。
>   どのように表現すればいいんでしょうね。じゃあ，英語で言ってみるから聞き取ってみよう。
>   If it was fine, we could have a sports festival.
> - 聞き取れたかな？
>   ○〈生徒は聞き取れたところを答えていく〉
>   …

この例では，仮定法過去を使う場面を日本語で設定して導入を行っています。このように英語でどのように表現すればよいか尋ねると，仮定法過去を習っていない生徒からは，"if it is fine" や "we have sport festival" などの表現が出てきます。ここで，これらの表現だけでは，現在の事実とは異なる状

4.1 導入：「何だろう？」をつくり出す

態を想像して，こうだったらなあという気持ちを正確には表現できないことを伝えています。そうすることで，新しい形の文法を学ぶ動機が高まります。

　日本語で場面設定をして導入を行う際のポイントは，生徒にとって馴染みのある，よくある場面を設定し，共感できるような気持ちや表現を考えさせることにあります。そして，知っている表現で，その気持ちや状態を表現できないか考えさせて，生徒が現在持っている知識と言いたい表現とのギャップにあえて気づかせることにあります。

Q & A BOX

Q. 日本語で場面設定をして，英語の表現を考えさせると，生徒からはいろいろな表現が出てくると思いますが，どのように対応すればよいのでしょうか。

A. 生徒からはいろいろな表現が出てくることが予想されます。例えば，"I'm sorry we can't have a sports festival because it's rainy today." と目標文法項目以外の表現で表現することができれば，それはそれでよしとし，「他には？」と別の表現も考えさせましょう。また，"We can have a sports festival if it is fine." のように目標文法項目と対応させて考えさせることができる表現が出てくれば，新しい文法のもつ本質的な特徴を他の表現と比較して学ばせるチャンスになります。

日本語で場面設定をする導入の例

日本語でのちょっとした場面設定の導入の方法の例です。

☐ 助動詞＋have＋過去分詞
彼女と初めてのデート。しまった！家に財布を忘れた。そのときのつぶやき「もっと注意すればよかった」は？　→I should have been more careful.

☐ 現在進行形
「勉強してるの？」と母に聞かれ，「今勉強してるところだよ！」と英語で何と言う？　→I'm studying now.

☐ There is (are)
何人家族ですかと聞かれた。「家族は5人います」と言いたい。何と言えばいい？　→There are five people in my family.

☐ be going to
今日は以前からの予定で，「パーティーを開くことになってるんだ」と英語で言いたいとき何と言う？
→We are going to have a party.

☐ 助動詞 can
筆記用具を忘れた友達に一言，「このペン使っていいよ」
→You can use this pen.

（5） 教科書本文を活用する

　教科書本文を使って文法を導入することもできます。次のような英文を使った導入例を見てみましょう。

Example 9

　● Listen to the conversation between Kazu and Mr. Fielder.
　　Listen carefully.
　〈絵を黒板に貼り，次の和明とフィルダー先生の会話を聞かせる〉

　＊＊＊＊＊＊＊＊＊＊＊＊＊＊＊＊＊＊＊＊＊＊＊＊＊
　Kazu：　　　　Excuse me, Mr. Fielder. May I ask you a favor?
　Mr. Fielder：Sure. What is it?
　Kazu：　　　　I got an email from Australia. But I can't read it.
　　　　　　　　Could you read it for me, please?
　Mr. Fielder：All right.
　＊＊＊＊＊＊＊＊＊＊＊＊＊＊＊＊＊＊＊＊＊＊＊＊＊

　● What did Kazu get from Australia?
　○ E メール
　● Kazu can't...?
　○ read it
　○ E メールが読めない
　● That's right. Why?
　○ 英語で書かれているから
　● What did Kazu say to Mr. Fielder?
　○ 読んでほしい
　● How did he say it in English?
　○ Could you read it for me, please?
　● That's right. This is the key sentence for today.

　教科書には様々な英文例があります。ここでは仮に上記のような"Could you ～?"のフレーズを使った和明君とフィルダー先生の2人の会話を生徒に聞かせることにします。教師が生徒に「和明君はフィルダー先生に何をし

たでしょう？」と尋ねれば，なんとなくお願いをしている場面であることを生徒はわかります。生徒が既に知っている単語を手掛かりに，オーストラリアからきた英語のEメールを和明君がフィルダー先生に読んでほしいとお願いしていると理解できるはずです。また，「2人はどのような関係ですか？」と尋ね，教師と生徒の関係を確認しておけば，この"Could you ～?"という表現形式が，生徒から先生に対してお願いをするときに使われる丁寧な表現であることを，スムーズに説明することができます。

では，実際の教科書本文を使った導入を見てみましょう。次の英文テキストでは，使役動詞 make を含む "The tournament director made Rusty give up the medal." の文がターゲットとなっています。

Example 10

〈女子柔道の母と呼ばれる Rusty。アメリカで開かれた柔道大会の団体戦で女性として初めて柔道の大会に出場し，チームは優勝したが…〉

She stood proudly with everyone to receive the gold medal, but after the ceremony Rusty heard her name called. The tournament director took her into his office and made her give up the medal. Apparently, the tournament organizers didn't like a woman taking part in the competition.

(*Genius English Communication I,* Lesson 7 より)

この教科書を使って，どのように文法指導への導入ができるでしょうか。

Example 11

● This is the key sentence for today.〈例文 "The tournament director made her give up the medal." を板書しながら〉
● Did Rusty want to give up the medal?
○ No, she didn't.
● Why did the tournament director make her give up the medal?
○ …
● Why did the author use the verb "make"?

柔道の大会に女性が出場したことがなかった当時，Rustyは大会に補欠として出場し，チームの優勝に貢献します。しかし，大会事務局は，Rustyが女性であるとわかると，彼女に優勝メダルを返還させようとします。ここの場面で，使役動詞makeがターゲットの文法として使われ提示されています。

　この導入例では，教師はこの文を板書し，"Did Rusty want to give up the medal?"のように尋ねています。Rustyは，女性初で柔道の大会に出場し，しかもチームを優勝に導いたことに誇りを感じていたということを確認することができます。その上で，このターゲットの文の使役動詞の働きについて生徒に考えるように導入しています。

　このように，教科書の本文で使われている文は，意味のある文脈の中の生きた表現であるため，その文法がどのような意味や働きをもって使われているのかを生徒に理解させやすいと考えられます。このような教科書本文のよさをうまく活用して，文法指導への導入を行っていきましょう。

Q & A BOX

Q. 教科書の本文に出てくる文法を説明し始めるとたくさんありすぎて時間がかかります。どうすればよいのでしょうか。

A. 授業の時間は限られていますので，何を取り上げて説明するかを前もって計画する必要があります。同じ教科で担当する教師が複数名いる場合には，事前に教師同士で焦点をあてる部分について共通理解をもっておくとよいでしょう。例えば，このレッスンで何を理解させたいのか，また，その時間内でどのような言語活動をするのかなど，授業をする前に考えて話し合っておきます。目標文法項目に焦点を絞り，その習得のためにどのような活動をさせるべきか，さらにはどのように評価に結び付けるかまで計画をしておけば，焦点を当てる部分がわかり，時間配分もうまく考えることができるでしょう。

教科書本文を使った導入の方法

教科書本文を使った導入では，次のような言葉がけを参考にしましょう。

☐ **今日のポイントの文はこれです。**
　　This is the key sentence for today.
　　新しい文法を含む文を板書します。

☐ **どのような意味でしょうか？**
　　What does it mean in Japanese?
　　新しい文法を含む文の意味を確認します。意味の分からない語句がある場合，辞書を引かせたり，ペアで確認させたりします。

☐ **この文法は○○○と呼ばれます。**
　　We call this form XXX.
　　文法の参考書を調べるときには，文法の名前を知っている必要があるため，必ずしも覚えさせる必要はありませんが提示します。

☐ **なぜここでこの形を使っていると思いますか？**
　　Why is the word (form) used here?
　　なぜこの文法をここで使うのか理由を考えさせます。

☐ **別の文法を使った場合とどのように違いますか？**
　　What is different when we use another form?
　　類似の文法と比較させ，その文法の本質を理解させます。

4.1 導入：「何だろう？」をつくり出す

第4章 文法指導のステップについて考える

4.2 説明：「なるほど！」をつくり出す

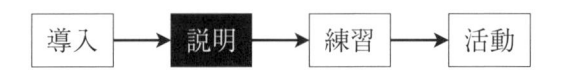

導入 → **説明** → 練習 → 活動

■ 文法の正しい理解を促す

　文法説明には，目標文法項目を含む例文を提示して，文法の特徴を明示的に説明することにより，その文法のもつ形式・意味・機能を生徒に理解させる役割があります。導入段階で生徒が気づいたことを確認しながら説明を行うと生徒の主体的な学びにつながります。また，導入の段階では気づかなかった生徒にも，その文法の形式・意味・機能が十分理解できるように，わかりやすく提示し，シンプルに説明することが大切です。

■ 良い文法説明とは

　では，文法指導における良い説明とはどのようなものでしょうか。良い説明の条件は次の3つです。

1) 新しい文法の形式・意味・機能を生徒に気づかせる
2) シンプルに説明する
3) 説明後の練習や活動とつながりがある

　文法説明の内容を計画せずに，わかりやすい説明を行うことは容易ではありません。文法の説明で何をどのようにどれだけ説明するかや，それをどのような方法で生徒に提示するかを授業の前にあらかじめ計画しておきましょう。さまざまなヒントを与えながら，新しい文法の形式・意味・機能を生徒自身に気づかせることが大切です。その際にはもっとも重視したい内容に焦点を絞り，シンプルに説明しましょう。また，説明で学んだことが，その後の練習や活動で活かされるようにデザインすれば，英語が苦手な生徒にとっても活動に取り組みやすくなるでしょう。

よい説明の3つの条件

☐ **新しい文法の形式・意味・機能を生徒に気づかせる**

導入で提示した文脈をもとに，新しい文法の形式・意味・機能を生徒自身に気づかせながら説明します。どのようにヒントを与え，どのように生徒の気づきを引き出すかがポイントになってきます。

☐ **シンプルに説明する**

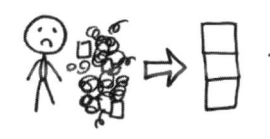

教師が準備の段階で文法について調べたことをすべて生徒に説明しないように気をつけましょう。本質的なことにポイントを絞り，時間をかけすぎずにシンプルに説明します。

☐ **説明後の練習や活動とつながりがある**

生徒が説明後に取り組む練習や活動のヒントになるように説明を行います。説明した内容と練習や活動の内容につながりをもたせておくと，学んだ文法を定着させるのに効果的です。

4.2 説明：「なるほど！」をつくり出す

文法説明の構成要素には，右のページに示すように，例文を示す，説明をする，既習の文法と比較する，絵や図を使う，よく使われる語句を提示する，などがあります。

　導入において提示した文脈から，新しい文法に生徒の意識を向けるために例文を提示します。その際には，生徒にとってもっとも理解しやすい形で例文を提示するようにします。そして，新しい文法の形式と意味と機能について，生徒の気づきを促すように簡潔に説明を行います。他の文法と比較したり，絵や図を提示したりして，その文法のもつ特徴を生徒が理解しやすいように工夫します。また，その文法とよく使われる語句を示して，生徒が作りだせる表現が広がるようにします。

　これらのポイントに注意することで，文法の正しい理解を導く説明ができるようになります。次に説明の方法のコツを具体的に見ていくことにしましょう。

Q & A BOX

Q. 文法指導の専門書には"inductive"と"deductive"という用語が出てきます。どのようなことなのでしょうか。

A. 文法説明の方法には，帰納的（inductive）と演繹的（deductive）と呼ばれる2つの方法があります。帰納的な文法説明とは，生徒に新しい文法を含む複数のサンプルを与え，その中から文法規則を生徒に発見させる方法をさし，演繹的な文法説明とは，文法規則を先に生徒に与え，その規則を個々の事例に応用させていく方法をさします。それぞれの方法には，メリットとデメリットがあります（e.g., Ellis & Shintani, 2014）。帰納的な方法は，生徒に考えさせることになり，有意味なものとなり記憶に留まりやすいとされる一方で，時間がかかり教師の準備も必要となります。演繹的な方法は，素早く文法規則を提示することができる一方で，一方的な教師の説明になり生徒は受け身的になってしまいます。生徒の特徴や指導目標および指導の時間などを考慮しながら，帰納的な方法と演繹的な方法をうまく組み合わせて文法指導を行うことが求められます。

文法説明の構成要素

次の例は，現在完了形（継続用法）の文法説明の場合です。

☐ **例文を示す**
  文法を含む例文　She has lived in Kofu for two years.

☐ **説明をする**
  形式・意味・機能を説明する
  〈形式〉主語＋have（has）＋動詞の過去分詞形
  〈意味〉〜がずっと…している
  〈機能〉過去のある時点から現在までずっと続いていることを表現
  　　　するときに使う

☐ **既習の文法と比較する**
  (a) She lived in Kofu three years ago.
  (b) She has lived in Kofu for two years.

☐ **絵や図を用いて説明する**
  　　　　　　過去　　　　　現在

☐ **よく使われる語句を提示する**
  主語＋have（has）＋動詞の過去分詞形 ─┬─ for 〜　　期間
  　　　　　　　　　　　　　　　　　　 └─ since 〜　起点

説明を考えるヒント

☐ 例文をシンプルに提示する
☐ 生徒に気づかせながら説明する
☐ 既習の文法と比較して説明する
☐ 絵や図をうまく使って説明する
☐ 説明後の活動に役立つように説明する

(1) 例文をシンプルにする

　文法指導の説明で注意すべき点の一つとして，適切かつシンプルな例文を使うことがあげられます。生徒にとって難しく混乱させるような例文を使わないように注意しましょう。適切かつシンプルな例文とは，ターゲットとなる文法の特徴がはっきりと認識しやすく，文法の形式・意味・機能に注目させやすい形で提示されている例文をさします。

　では，次の例を見てみましょう。

Example 12

　(1) If you would show me your firm determination, I would be grateful.

　(2) If I had a lot of money, I would travel around the world.

　どちらも仮定法過去を説明するための例文ですが，どちらの例文が説明で用いるのにふさわしいでしょうか。(1)の例文には，"firm determination" や "grateful" のように生徒にとって難しい語句が使われているため，文の意味そのものが理解しにくくなっています。また，二重目的語をとる "show" が使われているため，さらに説明が必要になってくることが考えられます。したがって，生徒にとって易しい語句や構文が使われている(2)の方が，シンプルで説明しやすい例文であることは明らかです。教科書で出てきた例文を用いるのであれば，文脈があるので(1)のような複雑な例文でも構いませんが，それでもできるだけ短くした方がよいでしょう。

　では，次の例文はどうでしょうか。どちらも主格の関係代名詞 who を説明するための例文です。

Example 13

　(1) The boy who won the speech contest is Ben.

　(2) I know the boy who won the speech contest.

　これらの文を比べると，(1)よりも(2)の文の方が生徒にとって認識しやすいと考えられます。(1)では，The boy [who won the speech contest] is Ben. のように文中に関係詞節が埋め込まれた形になっているため，処理が複雑になります。一方，(2)の文は，I know the boy [who won the speech contest]. のように関係詞節が文末にあるため，処理が易しい構造であると言えます（Celce-Murcia

& Larsen-Freeman, 1999）。したがって，主格の関係代名詞を初めて導入する際の例文としては，(1)のような複雑な構造ではなく，(2)のような易しい構造の例文を使う方が説明もスムーズになります。

また，英語の例文として適切でない例文を使わないように注意する必要もあります。次の例文を見てみましょう。

> ***Example 14***
> 　(1) John was liked by me.
> 　(2) The letter was written by my mother.

(1)は，受動態の説明でよく見かける例文です。シンプルでよさそうですが，英語の表現として，"like" が受動態の形で使われることはあまり多くありません（Biber et al., 1999）。さらに，被動作主と動作主の両方が人であるため，初期レベルの学習者にとって，Johnが私のことを好きであると誤解しやすく，誰が誰に影響を与えているかイメージしにくい問題もあります。一方，(2)の方は，動作を受ける物（＝the letter）と動作を行う人（＝my mother）との関係が理解しやすく，受動態を直感的に理解しやすいと言えそうです。

このように，よい例文を提示するためには，生徒にとって既習の語句を使う，例文を単純な構造にする，英語として正しい文を使う，などのポイントに気をつけるとよいでしょう。

(2) 生徒に気づかせながら説明する

　文法説明においても，導入をする際と同様に，新しい文法がどのような場面で，どのような意味を表すために，どのような形で使われるのかということを生徒に気づかせることが大切です。

　では，次のオーラルイントロダクションを行った後の文法説明を考えてみることにしましょう。

Example 15

　Look at this map.
　〈アメリカの地図を見せながら〉
　This is a map which my wife bought in the USA. There are 3D pictures of buildings and mountains.
　This map is very nice. I like it very much.

　この関係代名詞の導入を行った後，皆さんであれば，どのような説明をするでしょうか。まず，次の例を見てみましょう。

Example 16

　●今，先生は，「これは，私の妻がアメリカで買った地図だ」と言いました。〈板書しながら〉英語では，"This is a map which my wife bought in the USA."ですね。この which を関係代名詞の目的格と言います。"a map" を関係代名詞の which 以下の部分 "which my wife bought in the USA" が後ろから説明しています。

　Example 16 では，教師が生徒に考えさせることなく，教師が行ったオーラルイントロダクションの内容をすべて説明してしまっています。このような例は文法説明ではよく見られます。しかし，教師がすべてを説明してしまうと，生徒にとっては一方的に情報が与えられる形になり，生徒の学習は受け身になってしまいます。

　では次のように生徒のやりとりを通して考えさせながら説明をするとどうでしょうか。

Example 17
- ● OK, class. What did I do? Do you remember?
- ○ 地図の説明をしていた。
- ● Right. I was talking about a map. What kind of map?
- ○ America.
- ● Right. A map of the United States of America. Anything else?
- ○ my wife って言ってた。
- ○ 妻がアメリカで買った地図。
- ● Right. How did I say it in English? Anybody? This is a....
- ○ map
- ○ my wife bought
- ○ a map which my wife bought in the USA
- ● 〈例文を板書する〉
  This is a map which my wife bought in the USA.
- ● Very good. 今日学ぶ文法項目は、関係代名詞の目的格と言います。どのような特徴をもった物かを情報を付け加えて詳しく説明したいときに使われます。
- ● この例文の場合、これは地図です。どんな地図かというと「私の妻がアメリカで買った」というように詳しく地図を説明していますね。

　この例では、「先生は何をしていた？」と、どのような目的で関係代名詞が使われていたのかを、導入の内容をもとに考えさせています。そして、関係代名詞は名詞を詳しく説明するために使われるということを、生徒の気づきから引き出しています。
　次に、関係代名詞が使われている文がどのような意味を表しているかを、聞き取ることができた単語をもとに生徒に推測させています。そして最後に、関係代名詞が含まれている文が、どのような英語の表現が使われているかを生徒に言わせ、関係代名詞の形式を確認しています。
　このように、教師が一方的に情報を教え込むよりも、生徒が自分たちで気づいた方が記憶に残りやすくなります。教師は生徒が気づくことができるように様々なヒントを提示しながら、生徒の気づきを引き出し、その気づきを

4.2 説明：「なるほど！」をつくり出す

第4章 文法指導のステップについて考える　　105

うまく使いながら説明するとよいでしょう。どのような場面で何をする目的でその文法を使うのかといった、文法のもつ機能について説明しておくことが重要です。

Q & A BOX

Q. 文法説明で生徒に考えさせたり推測させたりするには、どのような準備が必要ですか？

A. 授業の中で気づきを促すために重要な準備は、何を気づかせたいかを決めておくことです。文法のもっとも本質的なことは何かを研究し、その文法のどのような特徴に気づかせたいのか、という目的意識をもっておくことが大切です。例えば第2章「文法指導のための教材研究をしよう」で見た文法の特徴を捉える4つの視点：文法の使用場面を考える、前後の文脈を考える、類似の文法項目と比較してみる、適切な例文を考える、を参考に、準備をするとよいでしょう。

最近の文法書や辞書にも、その文法がどのような場面で使われるか、類似の文法項目とのニュアンスの違いなどの情報が徐々に取り上げられるようになってきているので参考にできます。ただし、教師は準備をすればするほど、調べた内容をすべて授業で取り上げたくなりますが、それではいくら時間があっても足りませんし、生徒にとっても何がポイントなのかをつかみにくくなります。その中でもとくに重要であり、他のことを学ぶ上でも生きてくるようなもっとも本質を捉えたものに限定することも大切です。その際に、生徒に何を気づかせたいのかを決めておくことで、生徒の気づきに直接つながるヒントを精選することができます。

生徒の気づきを促す発問	
〈次の会話を教師が演じる〉[1]	※1 ターゲットとする文法の形式・意味・機能に気づく文脈を提示する
●Mary：You didn't call me at 9 o'clock last night. What were you doing? Ken：Sorry. I was cooking at 9 o'clock. I was very busy.	
●Mary はどんな様子だった？ ○怒ってた。 ●Mary はなぜ怒っていたのかな？ ○Ken が電話をしてこなかったから。 ●そうだね。	
●怒ってる Mary に対し Ken はどうしたかな？[2]	※2 目標文法項目の機能について尋ねる
○言い訳して，謝っていた。	
●Ken は何と言って謝っているでしょうか？[3]	※3 目標文法項目の意味について尋ねる
○料理をしていて忙しかった。	
●料理をしていたって英語で何て言ってたでしょうか？[4]	※4 目標文法項目の形式について尋ねる
●もう一度聞いてみよう。I was cooking at 9 o'clock. ○cooking ○I was cooking ●そう。I was cooking と言っていたね。	
●主語＋be 動詞の過去形＋動詞 ing 形だね。これで慌ただしく料理していた様子を表現できるね。過去進行形は，過去の時点での動作が真っ最中だったことを，生き生きと思い浮かべ「～しているところだった」と言いたいときに使います。[5]	※5 目標文法項目の形式・意味・使用についてまとめる

4.2 説明：「なるほど！」をつくり出す

(3) 既習の文法と比較して説明する

　既習事項と新出事項の違いを比較することも，文法の本質的な特徴を理解させる有効な手段の一つです。新しい文法の形式と意味を説明しても，いつどのような場面で何のためにその文法が使われるのかまでは十分に理解しにくいときや，新しい文法がもつ概念をより際立たせたいときには，他の文法と比較するとわかりやすくなることがあります。そこで，生徒がすでに知っている文法事項と比較しながら，新しい文法が使われる理由を提示します。
　では，次の経験を表す現在完了形の例を見てみましょう。

Example 18

● I am a big fan of *Harry Potter*. I have seen the *Harry Potter* movies three times. So I know all the characters in the story very well.

〈どんな内容を話していたかを確認した後，次のように板書する〉

> (1) I saw the *Harry Potter* movies two years ago.
> (2) I have seen the *Harry Potter* movies three times.

●(1)の文はどんな意味ですか。
○ハリーポッターの映画を2年前に見た。
●そうですね。2年前に映画を見たことを表しています。前に習った過去形だよね。過去にしたことを単に述べているだけです。
●(2)の文はどんな意味ですか。
○3回ハリーポッターを見たことがある。
●そう。私が3回も映画を見た状態であることを表しています。(2)の方を現在完了形と呼びます。現在完了は，過去のある時点から現在までに経験したことを表したいときに使われます。過去から現在までの間に3回も見たから登場人物をたくさん知っているよというときに使います。

　この例では，過去形と現在完了形（経験）を比較しています。(1)の例文は，過去形が過去にしたことを単に表すことを示し，(2)の例文で，現在完了を使えば，過去のある時点から現在までの間の経験を表すことができることを理解させています。

次に，仮定法過去の例を見てみましょう。

Example 19
〈次のように板書する〉

> (1) If it is fine, we will climb the mountain.
> (2) If it was fine, we would climb the mountain.

●(1)の文は，どんな意味ですか。
○晴れたら私たちは山に登ります。
○そう。「晴れたら，山に登ります」のように単なる条件を表しています。
●では，(2)の文は，どんな意味になるでしょうか。目の前では，雨が降っている場面でのセリフだったよね。
○もし晴れていたら，山に登ったのに。
●そうですね。(2)の文は，「晴れていたら，登山できるのになあ」と，現在の事実とは反することを思い描きながら，雨が降っている現状を残念に思っているときに使われます。

　この例では，単純に条件を述べている直説法と比較することで，現実とは異なることを思い描いて述べている仮定法過去の理解を促しています。
　このように既に習っている文法を提示することで，新しい文法項目を理解する手掛りを与えることができます。新しい文法の形式と意味だけでなく，その文法の働きを鮮明にすることが可能となり，文法の本質的な特徴を理解しやすくなり，生徒の記憶にも残りやすくなります。
　既習事項と新出事項の比較をするときのポイントは，まず，板書して形式上の違いをはっきりさせて比較して見せることにあります。そして，ニュアンスの違いや働きの違いをできるだけ簡潔に説明することです。説明が長くなると，逆に難しい印象を生徒に与えることになってしまいます。コミュニケーションの幅が広がることをシンプルな説明で伝えましょう。

(4) 絵や図をうまく使って説明する

　文法説明において，ことばで説明するだけでなく絵や図を使うことでその文法の特徴を理解しやすくなることがあります。

　では，次の教材の中で出てきた過去完了形の説明においてどのように図を使って説明できるか具体例を見てみましょう。

Example 20

　　I also found out that most of the children did not get enough to eat and suffered from malnutrition. One out of three children did not live to the age of one. I decided to help these children. I asked Haji Ali to take me to their school. When I saw it, I was shocked. <u>I had never seen such a poor learning environment</u>: 78 boys and four girls were kneeling outside on the cold ground to study.

　　　　　　　　　　　　　(*Genius English Communication I,* Lesson 2 より)

　世界第2位の山であるK2登頂のためにパキスタンを訪れていた筆者が，コルフェ村での村人の生活の窮状を知り，子どもたちのために学校を建設することを決心する場面です。文中では，筆者の気持ちを表すために，過去完了が使われています。過去完了のもつニュアンスをことばだけで説明するのは容易なことではありません。そこで，絵や図を活用するととても有効です。では，Example 21 を見てみましょう。

　Example 21 では，過去から現在までの時間の流れを示した図を黒板に描くことによって，時制と完了相について説明しています。そうすることで，現在完了を過去にずらしたものが過去完了であると理解を助けることができます。

Example 21

● 〈次のように板書する〉

> 現在完了「have (has) + 過去分詞」　基準は「現在」
>
> 過去　　　現在
>
> I have never seen such a poor learning environment.
>
> 過去完了「had + 過去分詞」　基準は「過去」
>
> 過去　　　現在
>
> I had never seen such a poor learning environment.

● 現在完了は，過去のことが現在の状況に影響を与えていることを伝えるために使います。では "I have never seen such a poor learning environment." は，どんな意味になるでしょう。
○ これまでそのような学習環境を見たことがない。
● そう。今まで一度も見たことがないと言っています。過去完了は，図に表したように，基準となる時を「現在」から「過去」にずらした形になります。過去のある時点まで一度も見たことがないということを表してるんだね。
● 筆者がそのような貧しい学習環境を見たと感じたのは，いつですか？
○ コルフェ村の学校を見たとき。
● そうだね。コルフェ村の学校を見たときですね。じゃあ，"I had never seen such a poor learning environment." はどんな意味になるかな？
○ ずっとそのような貧しい学習環境を見たことがなかった。
● そうですね。学校を見るときまで，そのような貧しい学習環境を見たことがなかったということを表していますよね。

では，次に，絵を用いて文法指導を行う例をみてみましょう。

> ***Example 22***
>
> Where is the largest animal in the world? It's in the ocean. It's the blue whale, and an adult is about 30 meters long. One blue whale is as heavy as 100 giraffes! Why do many large animals live in the sea? The water supports their weight.
>
> 　The largest dinosaurs were sauropods, but blue whales are much heavier. The largest land animal today is the African elephant. Even a baby blue whale, however, is as heavy as an elephant.
>
> 　　　　　　　　(*Compass English Communication I,* Lesson 2 より)

ギネスブックの発案者として知られるヒュー・ビーバーに関連して，自然界のナンバーワンについて書かれたレッスンの1部分です。ここでは，下線部に着目させ，何と何が比較されてどちらが重いのかを生徒に把握させる活動を与えます。

> ***Example 23***
>
> 　本文中に出てきた比較表現に注目し，分かったことを絵で表しましょう。

生徒に読み取った内容をもとに図示させたり，絵を描かせたりするのも，文法のもつ特徴を捉えさせるのに有効な手段の1つです。生徒は楽しみながら絵を描いて読み取った内容を示します。

　このように，簡単な図や絵を用いることにより，文法の持つ特徴を視覚的に理解することを助けることができます。

Q & A BOX

Q. 文法説明では，文法用語をどのように使えばよいのでしょうか。

A. 文法用語を使うべきかどうかといった議論があります。生徒の中には文法用語そのものが理解できないという生徒もいます。しかし，生徒が自分で参考書を調べるときには，文法用語がラベルとして役に立ちます。全員が覚える必要はないということを伝えつつ，文法の呼び方を覚えておくと，授業の後で文法について自分で調べる際に役に立つという感じで，提示してみてはいかがでしょうか。

教師にとって当たり前のように使っている文法用語であっても，生徒は聞いたことがなかったり理解できなかったりすることがあります。生徒がどのような用語であれば理解できるか，どのように説明すればわかりやすいかを教師は知っておく必要があります。

文法用語を使う際に注意すべき点は，生徒がわかっていないのに文法用語を使いすぎないということです。現在進行形や関係代名詞など，一般的に使われる用語であっても，生徒にとって難しいようであれば，どのような場面でどのような目的で使われる文法項目かを示した後に，こんな風に呼ばれているよと添える感じで提示するとよいでしょう。また，主語や形容詞などといった基本的な用語を理解できない生徒の場合には，文の中の「何が」「だれが」や，ものごとの様子や状態を表すもののように，小学校の国語で出てくるような用語を参考にしてみるのもよいでしょう。

4.2 説明：「なるほど！」をつくり出す

（5） 説明後の活動に役立つように説明する

　文法を説明した後には，練習や活動を行います。練習や活動に生徒全員が取り組むことができるように説明の段階で工夫することが大切です。
　では，次の練習をすることを想定した文法説明を考えてみることにしましょう。次の例は，関係代名詞 who を使って英語の文をつくる練習です。

Example 24

　関係代名詞 who を使ってどんな人か説明を加えましょう。
　(1) The girl ＿＿＿＿＿＿＿＿＿＿＿＿ is Jane.
　　　ピアノを弾いている女の子はJaneです。
　(2) The man ＿＿＿＿＿＿＿＿＿＿＿＿ is Ken.
　　　サッカーをしている男の子はKenです。
　(3) The woman ＿＿＿＿＿＿＿＿＿＿＿＿ is my mother.
　　　話をしている女の人は私の母です。

　この練習を行う前に，生徒に与える文法説明はどのようなものがよいでしょうか。では，次の2つの例を見てみましょう。

Example 25

　〈次のように板書する〉

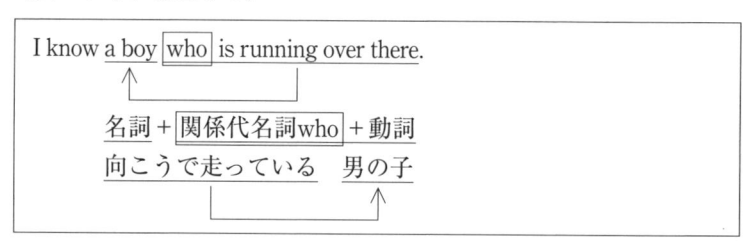

```
I know a boy |who| is running over there.
         ↑
       名詞 + |関係代名詞who| + 動詞
     向こうで走っている　　男の子
                          ↑
```

● この文は，「私は男の子を知っています…」，どんな男の子かと言うと「向こうで走っている男の子です」という意味です。関係代名詞は，名詞についてどんな人（もの）かを詳しく説明したいときに使われています。

114

この例では，I have a friend [who can play the piano] のように関係節が動詞の目的語の位置にくる例文を使って説明されています。Example 24 の練習では，関係節が文の主語の位置にくる文で練習しているため，Example 25 のような説明をもとに Example 24 の練習に移った場合，生徒は文法規則をどのように応用させればよいかとまどう可能性があります。
　では，次の例はどうでしょうか。

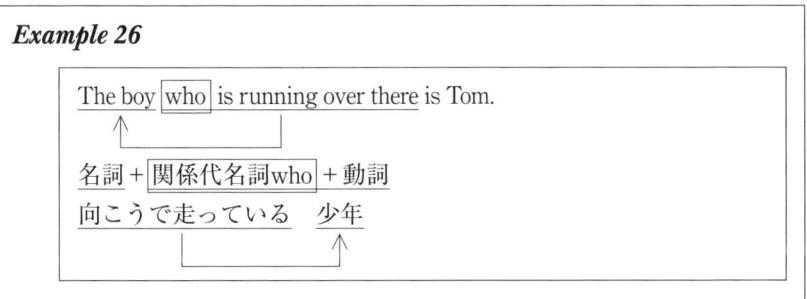

Example 26

The boy |who| is running over there is Tom.

名詞 + |関係代名詞who| + 動詞
向こうで走っている　少年

● この文は，「向こうで走っている少年はトムです」という意味になります。関係代名詞は，名詞についてどんな人（もの）かを詳しく説明したいときに使われています。

　この例では，the boy [who is running over there] is Tom のように関係節が文の主語の位置にくる例文を使って説明をしています。また，関係詞節の中の動詞句も練習で使われている文の動詞句と同じようなものが使われています。このように，練習で使われている文構造と同じ例文が説明で使われているため，Example 26 のように示された板書を確認すれば，英語が苦手な生徒であっても，練習をスムーズに進めることができます。
　ポイントは，説明の後に行う練習や活動をスムーズに行うことができるように，説明内容を考慮して生徒に提示しているかどうかにあります。ちょっとした違いなのですが，説明後の練習や活動に生徒は取り組みやすくなるでしょう。

4.3 練習：「できそう！」と感じさせる

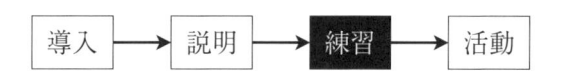

導入 → 説明 → **練習** → 活動

■ 処理の自動化を促す

文法の説明をした後すぐに，表現の自由度が高いコミュニケーション活動を行う授業を目にすることがあります。十分に練習をさせずに，習った文法を使って自由に表現をさせるのは，生徒にとって負担が大きくなります。中にはそれでも取り組むことのできる生徒もいるかもしれませんが，活動に取り組めない生徒も多くなってしまいます。文法指導においては，文法を自由に使って表現させる前に，教師がサポートしながら練習させ，文法規則の処理を自動化させておくことが重要です。

■ 良い練習とは

では，文法指導における良い練習とはどのようなものでしょうか。良い練習には，次の3つの条件があります。

1) 文法の形式と意味を結びつけて記憶に残す
2) 文法規則の処理を自動化させる
3) スモールステップで自信をもたせる

1つ目の条件は，ターゲットとする文法規則の形式と意味をしっかりと反復練習で結びつけて，生徒の記憶に残すことです。2つ目は，新しく習った文法規則を異なるタイプの練習の中で繰り返し練習することで，文法規則の操作をぎこちない処理からスムーズな処理にすることです。3つめの条件は，スモールステップで生徒に少しずつできるようにさせてコミュニケーション活動につなげることです。そのためには，簡単な練習から始め，少しずつ難しい練習へとステップを踏んで進むことが大切です。生徒にとって無

よい練習の3つの条件

☐ 文法の形式と意味を結びつけ記憶に残す

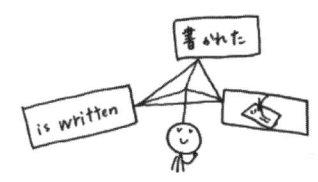

練習の目的は、新しい文法の形式と意味を結びつけ、生徒の記憶に残すことにあります。そのために、文法の形式をしっかりと練習した後、意味を考えながら形式と意味を結びつける練習をします。

☐ 文法規則の処理を自動化させる

新しく習った文法規則を異なるタイプの練習を繰り返し練習しながら、素早く、かつ、正確に文法規則の処理ができるように導きます。そのために、異なるパターンの練習をテンポよく繰り返す必要があります。

☐ スモールステップで自信をもたせる

生徒が練習後に行うコミュニケーション活動で自信をもって取り組むことができるように練習を行います。英語が苦手な生徒でも、練習したことをもとにスムーズに活動に取り組めるように、スモールステップを組んで、計画的に導くことが大切です。

理のないステップを組むには、異なるタイプの練習があることを知っておく必要があります。では次に、練習のタイプを見てみましょう。

■ 練習のタイプを知ろう

　生徒がコミュニケーションの中で文法規則をスムーズに使いこなせるようにするには，文法規則の操作を反復練習する必要があります。文法規則の練習には，次の3つのタイプがあります（Paulston, 1976）。それらは，1) 機械的な練習，2) 意味的な練習，3) コミュニカティブな練習です。

1) 機械的な練習

　機械的な練習は，文法の形式に生徒の意識を向け，文法の形式（form）の正確な定着を図るものです。このタイプの練習では，文の一部のみを変えさせ，生徒に練習させます。

2) 意味的な練習

　意味的な練習は，文法の形式（form）と意味（meaning）に生徒の意識を向け，形式と意味の結合を図るものです。生徒は意味を理解したうえで，ターゲットの形式を使って文を練習させます。

3) コミュニカティブな練習

　コミュニカティブな練習は，形式（form）と意味（meaning）と働き（function）に意識を向け，形式と意味と働きの結合を図るものです。新しい情報を使って生徒に英語を活用させるという特徴があります。

　このように，機械的な練習は，文法の形式の定着を図るのに対し，意味的な練習は，文法の形式と意味の結合を図ることを目的としています。そして，コミュニカティブな練習は，文法の形式と意味と働きの結合を図ります。文法指導において重要な役割をもつ3つのタイプの練習の役割や特徴をしっかりと教師が理解し，効果的に使い分けることが大切です。なお，本書では，便宜上，機械的な練習と意味的な練習を「練習」と呼び，コミュニカティブな練習を「活動」と呼ぶことにします。以下では，前者の練習に焦点を絞り，具体的に練習を見ていきましょう。

練習の3つのタイプ

☐ **機械的な練習**

> 教師：I was playing tennis.
> 　　　Watch TV.
> 生徒：I was watching TV.
> 教師：Take a bath.
> 生徒：I was taking a bath.

文法の形式（form）のみに生徒の意識を向け，形式の定着を図る。形式の操作練習が主なため，意味を理解していなくてもできる

☐ **意味的な練習**

> （Maryはリンゴが好きという絵を見せながら）
> 教師：What does Mary like?
> 生徒：She likes apples.

文法の形式（form）と意味（meaning）に意識を向け，形式と意味の結合を図る。ただし，答えは1つで，既知情報を用いたやりとりを求める

☐ **コミュニカティブな練習**

> 教師：What does your sister like to do?
> 生徒：She likes to play the violin.

文法の形式（form）と意味（meaning）と働き（function）に意識を向け，形式と意味と働きの結合を図る。ただし，答えは1つとは限らず，新情報のやりとりを求める

練習を考えるヒント

☐ 機械的な練習で形式を定着させる
☐ 意味的な練習で形式と意味を結びつける
☐ ステップを踏んで練習を行う

第4章　文法指導のステップについて考える

(1) 機械的な練習で形式を定着させる

　機械的な練習は，文法の形式を練習するもので，パタンプラクティス (pattern practice) とも呼ばれます。生徒の意識を文法の形式に集中できるように，形式のみに焦点を当てて練習させます。教師が出したキューに生徒が即座に反応する形で，素早いテンポで進めていきます。

　機械的な練習は，大きく分けて次の2つに分けることができます。語レベル（認識と表出）と文レベル（認識と表出）の練習です。では，具体的な練習の例を見ていくことにしましょう。

■ 語レベルで形式を練習する

　次の例は，語レベルで音声を使って文法の形式を認識させる練習です。

Example 27

　〈すべて音声で，文字は見せないで〉動詞の過去形はaとbのどちらでしょう。記号で答えましょう。

(1) a. play
　　b. played
(2) a. listened
　　b. listen

　次は，語レベルで文字を使って文法の形式を認識させる練習です。

Example 28

　〈次の語を見せて〉過去形に○をつけましょう。

(1) a. play
　　b. played
(2) a. listened
　　b. listen

これらの練習は，過去を表す形態素である -ed がついた一般動詞を認識できるようにする初歩的な練習です。Example 28 は，英語を音声で聞いて過去形を認識させる練習ですが，Example 27 のように音声で練習を行った後に Example 28 のように文字で練習すれば，聞き取ったことが文字でどのように表されるか確認できます。
　次の例は，語レベルで音声を使って表出させる練習です。

Example 29

〈フラッシュカードを使いながら口頭で〉過去形にしましょう。

● play
○ played
● listen
○ listened
　…

　次は，語レベルで文字を使って表出させる練習です。

Example 30

〈ワークシートを使って文字で〉過去形にしましょう。

(1) play　　→（　　）
(2) listen　→（　　）
　…

　これらの練習は，語レベルに焦点化して，一般動詞を過去形に変えて表出することができるかどうかを練習するものです。Example 29 のように口頭で練習を行った後に，Example 30 のように文字で書かせる練習をすれば，負荷がかかりすぎずにスムーズに練習を進めることができます。

■ 文レベルで形式を練習する

次に，文レベルで音声や文字を使って文法の形式を認識させる練習を見てみましょう。文レベルでの形式の練習には，置換・変換・拡張などがあります（語学教育研究所, 1988）。

① 置換の練習

まずは，置換の練習から見てみましょう。教師がキューを出しながら，生徒には口頭で，文の主語を変えたり，動詞を変えたりさせます。

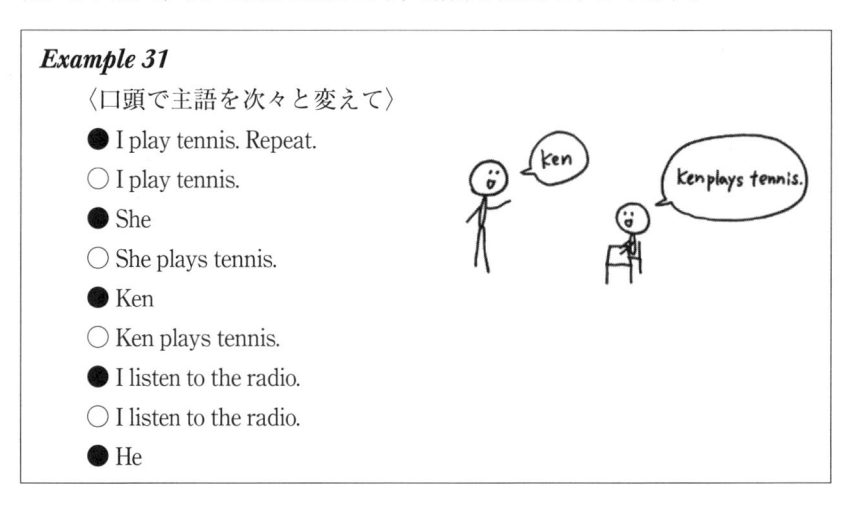

Example 31
〈口頭で主語を次々と変えて〉
● I play tennis. Repeat.
○ I play tennis.
● She
○ She plays tennis.
● Ken
○ Ken plays tennis.
● I listen to the radio.
○ I listen to the radio.
● He

この例では，まず主語 I を She などに変えさせて，三人称単数現在の -s を練習した後，今度は "listen to the radio" の主語を変えて練習しています。次の Example 32 は，動詞句を変える練習です。

Example 32
〈口頭で動詞を次々と変えて〉
● Ken plays tennis.
○ Ken plays tennis.
● cook lunch
○ Ken cooks lunch.

② 変換の練習

次に，変換の練習を見てみましょう。変換には，肯定文を否定文に変えたり，平叙文から疑問文に変えたりさせる練習があります。

> **Example 33**
>
> 口頭で否定文にしましょう。
> ● I played tennis yesterday.
> ● Negative
> ○ I didn't play tennis yesterday.
> ● I listened to the radio yesterday.
> ○ I didn't listen to the radio yesterday.

この例では，一般動詞の過去形を使った肯定文を否定文に口頭で変換させる練習をしています。

次に，平叙文から疑問文に変換させる練習を見てみましょう。

> **Example 34**
>
> 口頭で疑問文にしましょう。
> ● You play the violin.
> ● Question
> ○ Do you play the violin?
> ● You play tennis.
> ○ Do you play tennis?
> ● You eat *natto* every day.
> ○ Do you eat *natto* every day?

この例では，一般動詞を使った平叙文を疑問文に口頭で変換させる練習を行っています。

③ 拡張の練習

次に拡張の練習を見てみましょう。拡張とは，語句や節をつけ加え，文を徐々に長くしていく練習です。

Example 35
- ● I go to Tokyo.
- ● Yesterday.
- ○ I went to Tokyo yesterday.
- ● With my friends.
- ○ I went to Tokyo yesterday with my friends.

この練習では，一般動詞の現在形を過去形にすると同時に，副詞の"yesterday"と副詞句の"with my friends"を付け足して文を作る練習を行っています。

このような機械的な練習では，教師の出す指示にしたがって形式を変換させて口に出しています。あくまでも，文法形式の練習であることに注意しましょう。このような置換・変換・拡張などの文レベルの練習も，口頭で練習するだけでなく，筆記で練習することもできます。筆記のみの練習に偏らないように注意し，語レベルの練習と同様に，音声と文字をつなげていくことが大切です。

Q & A BOX

Q. パターンプラクティスの際に生徒の反応がよくありません。声も小さいのですが，どうすればよいのでしょうか。

A. まず，声に出してリピートする意義を生徒にしっかりと伝えましょう。声に出して言うことで表現が生徒の記憶に残ります。また，繰り返して練習することで，新しい文法の処理がスムーズになっていきます。単純な練習であっても意義があることを，その都度生徒に説明すれば，必ず理解してくれます。

　練習では，「先生が"Repeat."と言ったら真似して言いますよ」，「"Question."と言ったら疑問文にするよ」などのようにキューの出し方を生徒に説明しておきます。キューの出し方は，テンポよく進めることが大切です。形式を中心とした機械的な練習は単調になりがちですが，次々と生徒に発話させるテンポを速めることで，生徒の意欲が途切れずにすみます。

　次に，間違ってもまったく構わないことを伝えましょう。生徒は，友達の前で間違えたくないと思いがちです。練習では，周りの生徒を真似しながらでもよいので，徐々に正しく言えるようになればよいのです。生徒が発声したことに対して，"Good."や"OK."など簡単な言葉でよいので，褒めてあげましょう。ちょっとした言葉がけであっても生徒は嬉しいものです。声が小さかったり，間違ったりすれば，"Repeat again."のように促します。音楽の発声練習と同じように，教師はタイミングを見計らって，生徒をのせていく感じで進めます。教師自身も楽しく元気に練習を引っ張っていきましょう。

4.3 練習：「できそう！」と感じさせる

第4章　文法指導のステップについて考える

（2） 意味的な練習で形式と意味を結びつける

　意味的な練習は，文法の形式と意味を結びつける練習です。生徒は，文の形式を覚えるだけでなく，新しい文法を使った文を理解したり表出したりする必要があります。意味的とは言え，正解は既に決まっており，教師は既に知っている情報を使って練習します。

　意味的な練習は，理解型の練習と表出型の練習の2つに分けることができます。理解型の練習（comprehension practice）では，文法項目を含む発話や文を聞いたり読んだりして，その意味を理解します。表出型の練習（production practice）では，ある意味を表現するために文法項目を使って話したり書いたりします。インプット処理とアウトプット処理は，いずれも文法の定着に重要であるため，理解型の練習と表出型の練習をバランスよく活用する必要があります。

■ 語レベルで形式と意味を結びつける

　音声による語レベルでの理解練習と表出練習の例を見てみましょう。次の例は，中学1年で習う所有格の練習です。

Example 36

　〈絵を提示して〉

　● My racket. Your racket.
　　 His racket. Her racket. Our balls.
　　 Their balls. Repeat.

　〈絵を指しながら〉

　○ My racket. Your racket.
　　 His racket. Her racket. Our balls. Their balls.

　〈絵を指しながら〉

　● How about this?
　○ His racket.
　● Right. How about this?
　○ Her racket.

Example 37
〈右の絵を順に指さしながら〉
- ● This is Tomoyuki.
  This is his violin.
  This is his brother.
  This is his mother.
- ● How about this?
- ○ His violin.
- ● That's right.
  How about this?
- ○ His brother.
  …
- ● All right. Repeat, class.

〈絵を一つひとつ指しながら〉
　His violin. His brother. His mother.
- ○ His violin. His brother. His mother.

〈他の人物についても同じように絵を使って練習する〉

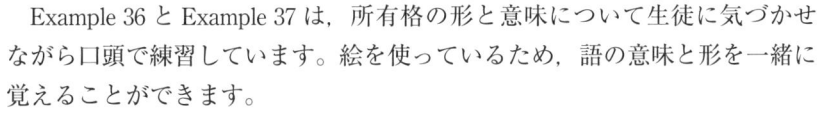

　Example 36 と Example 37 は，所有格の形と意味について生徒に気づかせながら口頭で練習しています。絵を使っているため，語の意味と形を一緒に覚えることができます。

　どちらの例でも，ピクチャーカードの絵を一つずつ指さして生徒に見せながら，教師が英語の語句を生徒に聞かせ，次に，生徒に声に出して言わせれば，形と意味を結び付けやすくなります。ちょっとした遊び心をもって黒板に絵を描いたり，あらかじめ教師が描いた絵を使ったりすると生徒は練習に集中します。また，次の時間も同じ絵を使って練習すれば，モデルを示さなくても生徒だけで形容詞の変化を一斉に言わせて短時間で復習させることもできます。

　このように口頭でしっかりと練習してから，次に書かせる練習に移れば，生徒は文字を使った練習に取り組みやすくなります。

練習におけるイラストの描き方のコツ

パタン練習などで使用できるイラストの描き方のコツを以下に示します。

① 顔の表情をシンプルに表現する

　　　人の顔は，お団子を描いて，目の位置，口の大きさ，眉の角度で顔の向きや様々な感情を表現します。顔の形や髪形，服装などを細かく描くと，複雑な絵になり手間がかかるため，シンプルに描くことがコツです。

② 人間関係を立ち位置や座り方で表現する

　　　次に，体と足，手を描きます。人の背の高さや向き合い方，座り方などで，友達，大人と子ども，教師と生徒の関係を表現することができます。友達なら背の高さを同じに，上下関係がある場合には背の高さで表すとわかりやすくなります。体の向きは，手前の足を少し長くして足を広げ調節します。表情とともに手の動きでも態度や，肯定・否定といった感情を表すことができます。

③ 人の動作や考えている内容を表現する

　人の動作は，写真や絵を参考にしたり，身近な人にその動作をしてもらったりして，中心となる線だけを描きます。難しい場合は，バットなどの物と組み合わせたり，汗や動きを示す線を描いたりするとよいでしょう。人が考えている内容や発言は，吹き出しにすると，過去，未来，仮想を表現できます。

■ 文レベルで形式と意味を結びつける

　文レベルで形式と意味をつなげる練習の例を見てみましょう。まず理解型の練習の例です。次の例は,「○×クイズ」を応用したものです。

Example 38

〈○×クイズ "I like 〜ing" の場合〉
私（先生）が,先生自身のことについて英語を使って言います。今から言う内容が正しいと思う場合は○,違うと思う場合は×に手を挙げましょう。
Are you ready?
No. 1.　I like playing the piano.
No. 2.　I like watching NHK news.
No. 3.　I like cleaning my room.

　これは,教師自身に関する情報をもとに,習った文法を使って教師が口頭で文を言い,その文が正しいかどうかを生徒に考えさせる練習です。この他にも,受動態や助動詞,関係代名詞などでも,生徒の興味関心や他教科で習った情報を使ってクイズを作ることができます。慣れてきたら,グループに分かれて,生徒に問題を出させ,表出型の練習に移ることも可能です。
　では次に,表出型の練習の例を見てみましょう。

Example 39

〈下のような表を配る〉次の表は,Kumi, Ken, Paul が昨日したことです。○はしたこと,×はしなかったことを示しています。一般動詞の過去形を使って説明してみましょう。

	watch TV	play TV games	study English
Kumi	○	○	○
Ken	○	×	○
Paul	○	×	×

- ● What did Kumi do yesterday?
- ○ She watched TV.
- ○ She played TV games.
- ○ She studied English.
- ● Very good. How about Ken? What did he do yesterday?
- ○ He played TV games.
- ○ He didn't watch TV.
  …

　提示された表に書かれた情報をもとにして，動詞の過去形を含んだ疑問文とその応答の仕方を練習しています。

授業における練習の活用のコツ

□ **集団で行う**
　まずは，全員で一斉に声を出して行います。全員で一斉に声に出して練習させ，全員が目標とすることを達成できるように支援をします。

□ **個人で行う**
　全員一斉に言う練習が終わったら，今度は，個人レベルで言わせるようにします。生徒が座っている縦や横の列ごとに一人ずつ口頭で言わせるようにすれば，生徒がどれくらいできるようになったかを確認することができます。

□ **再び集団で行う**
　あいまいなものは再び全員での練習を行います。

4.3 練習:「できそう！」と感じさせる

第4章　文法指導のステップについて考える

次に，教師と生徒がやりとりしながら文レベルでの理解練習と表出練習を行っている例を見てみましょう。

Example 40

〈右の絵を使って〉

- ● Which is older, Tokyo Tower or Tokyo Skytree? Ready go.
- ○ Tokyo Tower is older than Tokyo Skytree.
- ● That's right. Repeat.
  Tokyo Tower is older than Tokyo Skytree.
- ● Next question is....
  Which is higher, Tokyo Tower or Tokyo Skytree? Ready go.
- ○ Tokyo Skytree is higher than Tokyo Tower.
- ● Great. Repeat.
  Tokyo Skytree is higher than Tokyo Tower.
  Next question is....
  Which is more famous in the world, Tokyo Tower or Tokyo Skytree? Ready go.
- ● What is your opinion? Different opinion is all right.
- ○ Tokyo Skytree is more famous than Tokyo Tower.
- ● Why is it famous in the world?
- ○ It is the highest tower in the world.
- ○ It is 634 meters high.

　この例では，東京タワーと東京スカイツリーを比較していますが，「高い（high）」だけではなく，「古い（old）」や「有名な（famous）」などの形容詞を使って練習しています。同じものを比較しても，比較する視点を変えれば，異なる形容詞で比較させることができます。

　「古い（old）」を使って，"Which is older, Tokyo Skytree or Tokyo Tower?"と尋ねれば，どちらが古いのか生徒は少し考えてから，どちらを主語にした文を作ればよいのか考えることになります。日本語では，「東京スカイツリー

よりも東京タワーの方が古い」となり，英語とは異なる語順が可能であるため，この練習を通して，形容詞の比較級の文では紹介したいものを主語にして文を作らなければいけないことを生徒は自然に理解し，楽しんで取り組みます。このような練習をしっかりとしておけば，この後に生徒に行わせる自由度の高いコミュニケーション活動に取り組みやすくなります。

意味の提示のオプション

☐ **日本語で提示する**

教師は日本語を与え，生徒に英語で答えさせます。

　T：東京ディズニーシーに行ったことがありますか？
　S：Have you ever been to Tokyo Disney Sea?
　T：『スターウォーズ』を見たことがありますか？
　S：Have you ever seen *Star Wars*?

☐ **絵・写真・実物などを提示する**

ピクチャーカードで絵や写真などを見せ，次々とテンポよく英語の文を生徒に言わせます。

　T：〈バイオリンを弾いている絵を見せて〉
　　　What can Mike do?
　S：He can play the violin.
　T：〈泳いでいる絵を見せて〉
　S：He can swim.
　T：〈中国語を話している絵を見せて〉
　S：Mike can speak Chinese.

4.3 練習：「できそう！」と感じさせる

第4章 文法指導のステップについて考える

(3) ステップを踏んで練習を行う

文の形が言えるようになったら，今度は，もう少し自由度のあるコミュニカティブな練習を導入できます。次の例は，実在する学校の先生の情報について，比較級を使って文を作らせているコミュニカティブな練習の例です。

Example 41

次の問いに対して，自分の考えを英語で伝えよう。

例）(1) Mr. Hoshino と Mr. Abe どっちが若い（young）？
　　（解答例）　Mr. Abe is older than Mr. Hoshino.
　　(2) Ms. Yoda と Ms. Sato どっちが背が高い（tall）？
　　（解答例）　Ms. Yoda is taller than Ms. Sato.

この練習を行う前に生徒に与える練習はどのようなものがよいでしょうか。では，次の Example 42 と Example 43 を見てみましょう。

Example 42

1. 次の語（形容詞）を比較級にしましょう。
(1) old 古い
(2) high 高い
(3) cute かわいい

2. カッコの語を適切な形に変えて下線部に書きましょう。
(1) Keiko is ＿＿＿＿ than Yoko.（smart）
(2) I ＿＿ ＿＿＿＿ than Ken.（tall）
(3) Soccer balls ＿＿ ＿＿＿＿ than tennis balls.（big）

3. 絵を見て比較級を使って英語で文を作ってみよう。
(1)

　　　　　Mt. Fuji　　　Mt. Asama

Example 43

1. 次の語（形容詞）を比較級にしましょう。
(1) young 若い
(2) tall（背が）高い
(3) strong 強い

2. カッコの語を適切な形に変えて下線部に書きましょう。
(1) Keiko is ＿＿＿＿＿＿ than Yoko.（young）
(2) I ＿＿ ＿＿＿＿＿＿ than Ken.（tall）
(3) Tigers ＿＿ ＿＿＿＿＿＿ than cats.（strong）

3. 次の絵を見て比較級を使って英語で文を作ってみよう。
(1)　　　　　　　　　　　　(2)

Yui 5才　Ami 10才　Maki 8才

Ryo　Ken　Tomo

　Example 42 と Example 43 の違いはどこにあるでしょうか。違いは，練習している形容詞の単語が同じであるかどうかにあります。Example 42 では，3つのステップごとに形容詞の語が異なっていますが，Example 43 では，ステップを通して語が一致しています。生徒が自信をもって習った文法が使えるようにするためには，練習のステップを連携させておく必要があります。それぞれのステップで練習したことが，次のステップで生かされるようにしておけば，すべての生徒が自信をもって取り組むことができます。

　また，練習の後に取り組む活動が，口頭で行う活動なのか，筆記で行う活動なのかによっても，練習を口頭で行うべきか筆記で行うべきか異なってきます。次に行う活動内容まで見据えながら，練習内容を計画しましょう。

4.4 活動：「できた！」と感じさせる

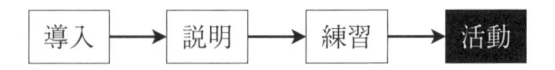

導入 → 説明 → 練習 → **活動**

■ 自然な場面で文法の働きを実感させる

活動の目的は，学んだ文法を使ってコミュニケーションができることを生徒に実感させることにあります。実際の言語使用を体験させる活動は，一般的に，コミュニケーション活動と呼ばれます。生徒にとって身近な場面を設定し，習った文法がどのような働きで使われるかを具体的にイメージしながら，文法の形式と意味と機能を結びつける活動を計画します。習った文法を使ってコミュニケーションできることを体験させ，生徒に達成感をもたせて終わることが重要です。

■ 良い活動とは

では，文法指導における良い活動とはどのようなものでしょうか。良い活動の条件は次の3つです。

1) コミュニケーションの場面が自然である
2) 新しい情報のやりとりをさせている
3) 活動がシンプルですぐにできる

第1に，ターゲットとなる文法が使われる自然な場面設定になっているかどうかです。適切かつ自然なコミュニケーションの場面が設定されていれば，生徒が活動を行う中で，文法の形式と意味と機能を結びつけやすくなります。

第2に，生徒にとって新しい情報をやりとりさせているかということです。答えがすでにわかっているような情報をやりとりするのではなく，生徒がまだ知らない新しい情報を理解したり表現したりするために，習った文法

良い活動の3つの条件

☐ コミュニケーションの場面が自然である

ターゲットの文法にとって場面が不自然な活動では，どのような場面で何のためにその文法を使うのか生徒は実感できません。その文法を使う必然性のある場面を慎重に考えることが大切です。

☐ 新しい情報をやりとりさせている

すでに答えの決まっている与えられた情報をやりとりさせていては，習った文法が使えるという実感を生徒にもたせることができません。自分に関することや考えをもとにした新しい情報をやりとりさせましょう。

☐ 活動がシンプルですぐにできる

活動の説明に時間がかかる活動は，良い活動であるとは言えません。活動の内容や場面がシンプルであれば，文法の形式・意味・機能を結びつけやすくなります。

を活用する活動を作ることができれば，生徒はその活動に意味を感じ積極的に取り組みます。

　第3に，活動の内容がシンプルであるかどうかというポイントです。活動のルールややりとりする内容が複雑すぎると，生徒が活動そのものの進め方を理解できなかったり，ターゲットとする文法規則から生徒の意識がそれたりして，当初の活動の目的を達成できなくなります。できるだけシンプルな活動を考えましょう。

■ 活動のタイプと活用のポイントを知ろう

　活動（コミュニケーション活動）のバリエーションには，次の4つがあります。

1) 自己表現活動

　自己表現活動は，学んだ文法を使って生徒自身のことや生徒に関連した事柄を表現させる活動です。自分に関する情報を使って表現させるため，習った文法が役立つことを実感しやすく，今後自分のことを表現するときに思い出しやすくなります。

2) インフォメーションギャップ

　インフォメーションギャップは，ペアやグループになり，お互いに知らない情報を尋ね合いながら，情報の差を埋める活動です。相手がどのように答えるか予想できない部分があるため，習った文法を使って，瞬時に情報をやりとりすることが求められます。教師から与えられた情報ではなく，生徒自身に関した情報や自分たちで考えたり選んだりした情報を使ってやりとりさせれば，活動がさらに活発になります。

3) スキット作成

　スキット作成は，生徒に場面や状況，人物などを想像させて会話を作らせる創造的な活動です。場面や状況を考えて習った文法を使わせるため，文法の働きを生徒に意識させることができます。また，表現する内容や場面を工夫して，生徒の自由な発想を引き出すことができます。

4) プロジェクト

　プロジェクトは，活動の目的をはっきりとさせて，ある程度時間をかけて計画的に実施する活動です。夏休みの思い出を書かせたり，英語新聞を作成するなど，計画して活動に取り組ませるため，表現を自分で修正したり，教師がフィードバックを与えたりして，正確に文法を使わせることができます。

　学習する文法の特徴や指導する時間的な余裕に応じて，最適な活動を選択するとよいでしょう。次に，それぞれの活動の進め方を見ていきましょう。

活動のバリエーション

☐ **自己表現活動：生徒に関することを表現させる**

例）助動詞 can を使って，自己アピールできること表現してみよう。
I can't dance but I can play the guitar.

☐ **インフォメーションギャップ：知らない情報をやりとりさせる**

例）あなたの実際の週末の予定について"be going to"を使って友達と情報のやりとりをしましょう。
A：What are you going to do next Saturday?
B：I'm going to practice soccer.

☐ **スキット作成：自然な場面のスキットを作らせる**

例）"There is 〜."を使って会話を作ろう。
A：Do you have any plan for the weekend? There is a new shop in front of the station. Why don't you go there with me?
B：Sounds nice. When shall we go?

☐ **プロジェクト：表現内容を念入りに計画する**

例）クラス内で人気のあるスポーツを調べて比較表現を使って発表しよう。
We are going to show you the result. Look at the graph. Soccer is the most popular sport in our class.

4.4 活動：「できた！」と感じさせる

（1） 自己表現活動：自分に関連することを活用する

　自己表現活動は，学んだ文法を使って生徒自身のことや生徒に関連した事柄を表現させるシンプルな活動です。生徒に関する事柄を表現させるため，時間をかけずに取り組むことができる利点があります。自己表現を成功させるポイントは，次の3つです。1）自分のことをシンプルに表現させる，2）場面を具体的にイメージさせる，3）活動までのステップを組む，です。

■　自分のことをシンプルに表現させよう

　では，次の例を見てみましょう。

Example 44

　次の日本語に合うように空欄に適する英語を書きなさい。

　私は，日曜日にテニスをする予定です。

　I'm （　　）（　　）（　　） tennis next Sunday.

　これは，与えられた日本語をもとに英文の空欄に"going to play"を入れるだけで完成できる問題です。習った文法を活用させているように見えますが，与えられた日本語に形式を当てはめる単純な練習で終わっています。これを自分に関する事柄を表現させる自己表現活動に変えるにはどうすればよいでしょうか。もっとも簡単な例を次の Example 45 で見てみましょう。

Example 45

　"be going to ～"の形を使って，あなたの週末の予定を述べましょう。

　_____

　この例では，"be going to ～"を使って生徒自身の週末の予定を書かせています。Example 44 を少しだけ変えて，自分のことを表現させることで，"be going to ～"は，あらかじめ決められた予定などについて表現したいときに使われる働きがあることを実感させることができます。

　授業の中で自己表現させる際には，口頭で表現させた後に文字で書かせても，先に文字で書いてから口頭でやりとりさせてもよいでしょう。たとえば，教師が"What are you going to do this weekend?"と生徒に尋ね，教師が"I'm going to visit my grandmother in Yokohama this weekend."とモデルを示し，"How about you?"と生徒に尋ね，ペアで口頭でやりとりさせて，その後にや

りとりしたことを文字で書かせれば，簡単なコミュニケーションができるとともに，文字で定着させることもできます。

■ 場面を具体的にイメージさせよう

学んだ文法を使って自分に関する文を作らせる自己表現活動はシンプルです。しかし，生徒の中には自分のことを表現するのに苦戦する生徒もいます。そのような生徒がいる場合どのように対応すればよいでしょうか。次の例を見てみましょう。

> *Example 46*
> "Thank you for 〜ing." を使って，英文を書きましょう。

このように簡単な自己表現であっても，表現しようとしなかったり，内容を思いつかない生徒がいたりします。そのような場合，次のように活動を行う前に教師が，その表現を使う場面を具体的にします。

> *Example 47*
> ●ALT の Christy 先生は丁寧な人です。いつも私に感謝の気持ちを伝えてくれます。今日学んだ "Thank you for 〜ing" を使って，何に対して感謝しているのか伝えてくれます。たとえば，"Thank you for giving me advice." や "Thank you for driving me home." などです。"Thank you for 〜ing" を使えば，具体的に感謝することができますね。みなさんは，誰かに感謝したいことはありますか。あなたが一番感謝したい人は誰ですか。何をしてくれたことに対して感謝したいですか。

この例では，文法を使う場面を教師が具体的に示すことにより，生徒が活動をより身近に感じるように導いています。さらに，実際に ALT がどのような場面でこの表現を使っていたか説明することで，この文法の働きや実用性を生徒は感じることができます。

第 4 章 文法指導のステップについて考える

■ 活動までのステップを組もう

　自己表現を成功させるポイントとして，しっかりとステップを踏むことがあげられます。生徒が意欲的に活動に取り組めるよう次のステップを踏みます。

① アイデアを活性化する

　表現したい内容が思いつかない場合，アイデアを活性化させるステップを踏ませましょう。Example 48 のように，表現したい内容を具体的に思い浮かべてメモをさせるとよいでしょう。

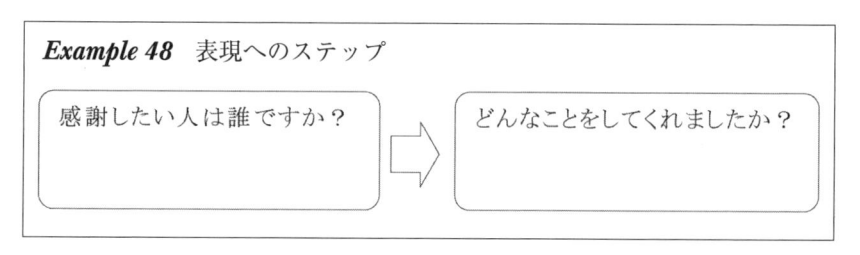

Example 48　表現へのステップ

| 感謝したい人は誰ですか？ | ⇨ | どんなことをしてくれましたか？ |

　英語で書ける生徒にはメモも英語で書かせるとよいでしょう。ここで書いたメモをもとに，生徒は英文を完成させていきます。

② 表現したことを共有しよう

　生徒が書いた表現内容は，ぜひともクラスで共有しましょう。生徒一人ひとりのメッセージが込められた異なる内容を共有することで，習った文法をこんな風にも使うことができるんだという新たな発見があります。次の英文は，筆者の授業で Example 46 の活動を使ったときの生徒の英文例です。これらは単純な英文に見えますが，生徒のメッセージが込められています。

・Ryo, thank you for making me laugh.
・Mother, thank you for making lunch everyday.
・Father, thank you for driving me to school.
・Ms. Tanaka, thank you for teaching us English.
・Saki, thank you for talking with me.

　生徒の表現をクラスで共有するもっとも簡単な方法は，教師が次々と生徒

を指名して，生徒が考えた表現を口頭で発表させていくことです。その内容をもとに教師と生徒のインタラクションをその場でとることもできます。

　また，次の例のように，黒板にスペースを区切って番号を振っておきます。机間巡視しながら何人かの生徒に番号を示し，前に出て書くよう伝えます。

Example 49

- ● OK. You did a very good job.
  Let's share the sentences you wrote.
- ● Whose sentence is this?
- ○ Tomoyuki's.
- ● Can you read this sentence aloud, Tomoyuki?
- ○ Ryo, thank you for making me laugh.
- ● I agree with Tomoyuki.
  Ryo always makes us laugh in our lessons.
- ● How about the next one?
  …

　なるべく異なる内容や異なる語彙を用いて表現している生徒を選ぶようにします。選ばれた生徒が黒板に書くものは，英語が苦手な生徒が参考にできるモデルになります。全員が書き終わったら，黒板の英文を見ながら内容に対するフィードバックを行います。全員で内容を共有できると同時に，実際に生徒が書いたメッセージを読み取るコミュニケーションにもなります。

　時間の余裕がないときは，生徒の作品を集め，優れた表現をまとめて印刷し次の時間に配ります。あとでまとめて印刷できるように，表現を書かせるワークシートの欄のサイズを工夫しておくとよいでしょう。

　次のページには，自己表現の例を載せました。参考にしてください。

自己表現のバリエーション

次は，自己表現の例です。参考にしてみましょう。

- ☐ **所有格 your**
  お互いの持ち物について褒め合ってみよう。
  例）Your pencil case is cool. Your mechanical pencil is cute.

- ☐ **一般動詞の過去形の否定文**
  あなたの身のまわりの人が昨日しなかったことを3つ考えて書いてみよう。
  例）My brother didn't walk the dog yesterday.

- ☐ **助動詞 can**
  あなたのクラスメイト3人のすごいなと思うことを can を使って書いてみよう。
  例）Tomoyuki can play the violin very well.

- ☐ **過去進行形の疑問文**
  昨日の午後6時，8時，10時に友達がしていたと思うことを推測して，尋ねてみよう。
  例）Were you watching TV around eight o'clock?

- ☐ **現在完了形の否定文**
  あなたがまだやり終えていないことを思い出して3つ書いてみよう。
  例）I have not finished my homework yet.

- ☐ **be happy to**
  "be happy to" の後に続けて，あなたが○○して嬉しいと思うことを書こう。
  例）I am happy to visit my aunt in Osaka.

- [ ] 副詞 seldom
  今日習った"seldom"を使って，自分のこと，あるいは，身近な人のすごいなと思うことや困っていることを説明してみよう。
  例）My sons seldom play TV games.

- [ ] 仮定法過去
  もし自分が校長先生だったとしたら何をするか考えて，仮定法を使って表現してみよう。
  例）If I were the principal, I would not talk so long.

- [ ] 序数＋最上級
  あなたのクラスで「2番目の〜」を英語で表現しよう。
  例）Tomoya is the second funniest student in this class.

- [ ] want＋人＋to do
  あなたの友達や身近な人にしてほしいことを書いてみよう。
  例）I want Takuya to teach me English.

- [ ] 助動詞 may, can, must
  次の事柄について助動詞を使ってあなたの気持ちを表現してみよう。
  1）野球部が甲子園に行くこと　2）自分が高校入試に合格すること
  3）本田選手がイタリアで活躍すること
  例）Our baseball club members may go to Koshien.

- [ ] 関係代名詞
  あなたの友達や家族について自慢する文を作ってみよう。
  例）I have a friend who can speak French very well.

4.4 活動：「できた！」と感じさせる

第4章　文法指導のステップについて考える

(2) インフォメーションギャップ

インフォメーションギャップ (information-gap) とは，ペアやグループで情報をやりとりして，お互いの情報の差を埋める活動です。情報の差を埋めるために，習った文法を使わせるのが目的です。しかし，情報に差があれば，自然なコミュニケーションになるとは限りません。この活動を成功させるポイントは，次の3つです。1）生徒に関する本当の情報を使う 2）活動までのステップをしっかりと組む，3）活動のバリエーションを考える，です。

■ 生徒に関する本当の情報を使ってやりとりさせる

インフォメーションギャップには，与えられた情報を扱ったものと本物の情報を扱ったものがあります。次の例を見てみましょう。

Example 50

次の絵をもとに，AとBに分かれて会話をしましょう。

〈対話例〉
A：What are you going to do next Saturday?
B：I'm going to play soccer.

この例は，AさんとBさんのスケジュール帳をもとに，"be going to～" を使って対話をさせる練習です。与えられた情報をもとにしたやりとりであるため，生徒はコミュニケーションの必要性や楽しさを感じることは難しいかもしれません。生徒の表現意欲を引き出す方法の1つは，生徒自身の本当の情報をやりとりさせてみることです。では，次の例を見てみましょう。

Example 51
次の手帳に自分の予定を考え入れ，ペアで予定を伝え合いましょう。

〈対話例〉
A : What are you going
　　to do next Saturday?
B : I'm going to play soccer.
　　How about you?
　　…

　Example 51 が，Example 50 と違うのは，生徒自身の1週間の予定を書き込ませており，生徒は答えを自分で考える点にあります。このように少し自由度のある活動をすると，他の生徒が知らない習い事や大切にしていることなどを表現しようとする生徒もいます。そうするとその内容を伝えるために表現を探したり，知っている単語でなんとか伝えたいことを伝えようとする姿勢を見ることもできます。
　インフォメーションギャップを取り入れた活動は，次のように，ペア，グループ，クラスの3つのパターンで行うことができます。

① ペア　　　　② グループ　　　　③ クラス

図3．インフォメーションギャップの3つのパターン

　ペアであれば時間をかけてじっくりと取り組むことができますし，グループやクラスで取り組むと，自分とは異なる情報をもつ生徒とのやりとりの機会を増やすことができます。それぞれに利点がありますので，活動にかける時間や目的に合わせて使い分けるとよいでしょう。

4.4 活動：「できた！」と感じさせる

■　活動までのステップを組もう

　授業でいきなり活動させてもうまくいかないことがあります。インフォメーションギャップのある活動をさせる際には，次のステップで進めてみましょう。

図4．活動のステップ

① 活動で使う表現を練習する

　活動を始める前に，活動の中で生徒が表現しそうな語彙や内容について練習をさせます。生徒の実態に応じて，いくつかの例の中から選ぶことが出来るようにしましょう。自分の考えたことを友達に知ってもらいたい，友達がどんなことを考えたのかちょっと知りたいと思わせることができれば，コミュニケーションのために文法を使っている実感をもたせることになります。

② モデルを示す

　いきなり活動を始めずに，教師がまず活動のやり方をモデルとして示します。英語の得意な生徒と教師がモデルを示してもよいですし，ALTがいる場合にはALTと実際に活動を生徒の前でやって見せます。英語が苦手な生徒が多い場合，活動方法のステップを簡単に板書します。

③ 活動に取り組ませる

　活動を始めますが，活動に入る際には，制限時間，質問する回数や人数，英語のみの使用など，活動のルールを生徒に簡潔に伝えて徹底させます。

④ いくつかのペアに発表させる

　いくつかのペアをクラスの前に出させ，発表させるとよいでしょう。文法が正しく使えているかどうかを確認し，フィードバックします。

■ 活動のバリエーションを考えよう

　インフォメーションギャップには，意見の格差（opinion-gap）という似たような概念があります（Prabhu, 1987）。意見の格差とは，与えられたトピックに対する個人的な好みや感情，態度などを表現することが求められます。この活動では，自分の好みや考えに基づいて情報をやりとりさせるため，活動が活性化されます。次の例を見てみましょう。

Example 52

　　次の3つのものを比較し，あなたにとって最も重要なものは何かを比較級や最上級を使って，理由を考えながらペアでやりとりしましょう。

　　　Time　　　　Money　　　　Love

　この例では，時間・お金・愛のうちどれがもっとも重要かを考えさせてやりとりさせています。生徒は悩みながらも，自分の意見を最上級"the most important"を使って表現しようとします。生徒の考えはそれぞれに違っていて，お互いの考えを聞きたくなります。意見の格差を取り入れた活動は，自然と盛り上がります。

　このような意見の格差を利用した活動は，活動のバリエーションを考える際に役立ちます。映画や音楽，食べ物といった生徒が関心のあるものを使えば，生徒の表現意欲は高まります。生徒自身の意見を習った文法を使って表現させる活動は，今後のディスカッションやディベートなどの発展的な活動にもつながっていきます。

インフォメーションギャップのバリエーション

〈情報の格差を使った例〉

- [ ] How many ～ do you have?
    次のリストの項目について友達が
    いくつ持っているか尋ねてみよう。
    《リスト》
    ① books
    ② brothers or sisters
    ③ cats

- [ ] 現在完了形（経験）
    これまでに経験したことについて尋ねてみよう。
    　a) seen a UFO　b) been to Tokyo Disney Sea
    A：Have you ever seen a UFO?
    B：Yes, I have.

- [ ] how to ～
    次のリストの項目について友達が
    知っているかどうか "Do you know
    how to ～?" を使って尋ねてみよ
    う。
    《リスト》
    ① play Japanese Chess
    ② cook miso soup
    ③ use a computer

〈意見の違いを使った例〉

- **目的格の代名詞**
  有名人について好きか嫌いか尋ねてみよう。
  A：Do you like Pamyu?
  B：Yes! I like her very much.
  《答え方》
  ① Yes. I like her very much.
  ② Yes. I like her.
  ③ I don't like her very much.
  ④ I don't like her at all.

- **最上級**
  自分が面白いと思う教科や難しいと思う教科について話してみよう。
  A：What is the most interesting subject?
  B：Science is the most interesting.
  A：What is the most difficult subject?
  B：Math is the most difficult.

- **make＋人＋形容詞**
  何をすると幸せな気持ちになるかペアになって話してみよう。
  A：Talking with my friends makes me happy.
    How about you?
  B：Listening to music makes me happy.

(3) スキット：自然な場面を想像させる

スキット作成は，生徒に場面や状況，人物などを考えさせて会話を作る創造的な活動です。場面や状況を考えて文法を使わせるため，文法の働きをディスコースの中で意識させることができます。表現する内容は，事実でなくてもよいことにすれば，生徒の自由な発想を引き出すこともできます。

■ 場面や状況を想像して対話を自由に考える

では，スキット作成とはどのようなものか，次の例で考えてみましょう。

Example 53

次の対話を暗唱して，ペアで発表しましょう。

A : What are you going to do this winter vacation?
B : I'm going to study Korean.
A : Are you going to go to Korea?
B : No. My friend is going to visit me in Japan. So, I want to talk with him in Korean.

この例では，対話文を単に覚えさせています。このような対話文を覚えさせることも重要な練習です。しかし，生徒にとって自分と関係のない内容であるため，一方的に英文を覚えさせられている感じを受けます。実際のコミュニケーションでは，自分の言いたいことを正確に相手に伝えるために文法を使いこなすことが欠かません。

この内容をスキット作成の活動に変えると次のようになります。

Example 54

あなたの冬休みの予定を手帳にメモをして，そのメモをもとにペアで対話する文を作りましょう。

Tomo : What are you going to do this winter vacation? Are you going to visit your grandparents?
Ryo : Yes, I am. I'm going to visit my grandparents with my family.
 ....

このように自分たちの予定について説明をする対話文を作らせるのも1つの例ですが，生徒たちの中には毎日部活動や塾などでとくに変わった予定のない生徒もいます。そのような場合には，こんな予定があったらいいなと思う内容を自由に考えて構わないという設定にすれば，生徒は楽しんで予定を立てるでしょう。

■ 場面を決めてセリフを自由に考えさせる

スキットを作らせる活動には，場面を決めてセリフを自由に考えるパターンと，セリフの一部を決めて場面やそれ以外の会話を自由に考えさせるパターンがあります。前者の例をまず見てみましょう。

Example 55

Mary 先生が山梨についてインタビューを受けています。現在完了形 "Have you 〜?" を使って，インタビューの質問と答えを作ってみましょう。

例）Interviewer： Have you ever visited Takeda Shrine?
　　Mary： 　　　Yes, I have.
　　Interviewer： Have you ever been to Kiyosato?
　　Mary： 　　　No, I haven't.
　　Interviewer： Oh, then you should go there. There are beautiful spots in Kiyosato.

この例では，登場人物の Mary 先生にインタビューするという場面がすでに提示されています。生徒は指示された文法使って，対話文を自由に考えることになります。会話文のよいところは，肯定文だけではなく否定文，疑問文，疑問文に対する応答など幅広い文を生徒が判断しながら活用することができることです。

■ 提示された表現の場面を考えさせる

教師から提示された表現に適切な場面と，残りの会話を生徒に自由に考えさせる方法もあります。次の例を見てみましょう。

Example 56
> 助動詞 must を使った表現 "You must study hard." が使われる自然な英語での会話を，次のステップを踏んで考えよう。1) 誰と誰の会話か考える 2) どのような場面か考える 3) その前後の会話文を補う。

　このように，その表現が使われる自然な会話を生徒に考えさせると，生徒はその文法が文脈の中でどのような働きで使われるか考えることになります。

■　活動までのステップを組もう
　ペアで作るスキット作成を例に，次のようなステップで発表させます。

図5．活動のステップ

① 教師がモデルを示す
　スキットを作ることに慣れていないと，なかなか取り組めない生徒がいることがあります。そのような場合には，まずは教師がモデルを示してみましょう。ティームティーチングで ALT と JTE が，実際の事柄をもとにした会話を生徒に聞かせるのもよいでしょう。生徒が漠然とモデルを聞くことがないように，聞き取ったことをメモさせ，新しい文法に生徒の意識が向くような質問をします。この後にスキットを考えさせれば，生徒はモデルを参考にしながら取り組むこととができます。

② 文法の解説
　スキットで使われる文法の意味と機能を再度確認しておきます。例えば，

助動詞 must は，命令や禁止などを表し，話し手が抵抗しがたい強い力を表現したいときに使われることを強調して，スキットでの登場人物の関係や話者の気持ちや状況などを確認しておきます。

③ スキットづくりを支援する

生徒の想像力を生かし，生徒にスキットを考えさせるのが基本です。しかし，スキットをうまく考えることができない生徒もいます。あらかじめ場面を設定したり登場人物の選択肢を与えたりしてもよいでしょう。

また，スキットは生徒一人で作らせても，ペアで協力して対話文を作らせても構いません。前者では，複数の登場人物が出てくる会話の場面を思い浮かべながら，一人で英文をじっくりと考えることができ，後者であれば，ペアでお互いの英語力を補い合いながら活動をすることができます。

④ 完成スキットを発表させる

生徒が考えたスキットは，クラスの前で発表させるとよいでしょう。そのためにも，スキット作成の段階で，教師が机間巡視している間に，支援の必要な生徒には教師がサポートしたり，メッセージが正しく伝わらないような文法的な誤りを修正したりします。

⑤ フィードバックを与える

クラスの前で発表し合い，その表現が文脈に合った使われ方がされていたかどうか，フィードバックを与えます。生徒同士で評価したり，ALT に評価してもらったりしてもよいでしょう。

4.4 活動：「できた！」と感じさせる

第 4 章 文法指導のステップについて考える

スキットでの場面のバリエーション例

☐ This is ～

あなたの学校に留学生の Peter が来ました。学校内の建物や部屋，人物を英語で紹介しながら歩いて回ります。その会話を考えてみましょう。

例）You： This is our teachers' room.
　　Peter：OK.
　　You： This is our Japanese teacher.
　　　　　Her name is Ms. Sato.
　　　　　She is a very good teacher.
　　Peter：Hi. My name is Peter.

☐ 過去進行形

Mary との大切なデートに 30 分遅れてしまった Ken が，過去進行形を使って言い訳している会話を考えよう。

例）Mary：What were you doing?
　　　　　I was waiting for you.
　　Ken： I'm very sorry.
　　　　　I was choosing the best T-shirt
　　　　　for today's date with you.

☐ How about～ing?

あなたは ALT の Tom 先生に週末のプランを提案しています。"Why don't you ～?" や "How about ～ing?" を使って会話を考えてみよう。

例）You： Why don't you go to see a movie?
　　Tom： No, I don't feel like going to see a movie.
　　You： How about going to Lake *Kawaguchi*?
　　Tom： That's a good idea.

☐ 疑問文の作り方

あなたが有名人にインタビューしている会話を自由に考えてみましょう。

例）You： What's your job?
　　Tom： I am an actor.
　　You： Where do you live?
　　Tom： I live in Las Vegas in the US.
　　You： Have you ever been to Japan?
　　Tom： Yes. I have been there many times.

☐ 現在完了形の否定文

"have never + 過去分詞" を使って場面を自由に考えて会話を考えましょう。

例）Maua： Well, I have never seen snow.
　　You： Really?
　　Maua： In my country we don't
　　　　　have snow.
　　You： Enjoy winter in Japan.
　　Maua： Thank you.

☐ should have + 過去分詞

should have + 過去分詞を使って会話を自由に考えてみよう。

例）You： Why are you so angry?
　　Mother： Mike lost his watch again.
　　　　　　I can't believe that.
　　You： Oh, boy.
　　　　　He should have been more careful.
　　Mother： You're right.

(4) プロジェクト：準備して表現させる

　プロジェクトとは，目標が明確に設定され，生徒が個人でまたはペアやグループを組み，比較的長期的に準備して取り組む活動をさします。例えば，友達の良いところをプレゼンテーションしたり，日本の伝統文化を Show & Tell で ALT に紹介したり，クラスの英語新聞を作成したりする活動があります。生徒は時間をかけて表現内容を検討する過程で，自分で文法を修正したり，教師からのフィードバックを得たりして，これまでに習った文法をプロジェクトの達成のために使う体験をさせることができます。

　次の例を見てみましょう。

Example 57

　日本に来て間もない Janet 先生に，実物を見せながら日本の文化を英語で紹介してみましょう。次の3つの条件を満たすこと。1) 実物をもってこよう　2) 特徴を3つ以上説明しよう　3) Janet 先生に伝わるように話そう

　例）　I'm going to show you a yukata.
　　　This is a yukata we wear in summer.
　　　We often wear one when we watch fireworks on hot summer nights.
　　　Beautiful flowers or butterflies are painted on kimonos.
　　　Why don't you wear a yukata?
　　　Thank you for listening.

　プロジェクトの成否のポイントは，3つです。1) 生徒の知的好奇心をくすぐるテーマであるか，2) やりがいがあって実行可能な目標が設定されているか，3) 習った文法や表現が活動の中で使われる必然性があるか，です。「日本に来て間もない ALT に日本の伝統文化のすばらしさを紹介してみよう」などやりがいのある実行可能なテーマや目標がはっきりしていれば，生徒の動機は自然と高まります。また，Example 57 のプロジェクトの場合，関係代名詞，接続詞 when，受動態などの文法が正しく使えると，日本文化を

効率よく紹介することができます。

■ 活動までのステップを組もう

プロジェクトを進める際には，次のようなステップで取り組ませます。

図6．活動のステップ

① 教師がモデルを提示する

　まず，教師は，プロジェクトのテーマと目標を提示し，モデルを生徒に示します。モデルを示すことで，生徒はどのような活動をするのか明確なゴールのイメージをもつことができ，活動へのモティベーションを高めます。生徒に学んでほしい文法や表現を使っておくとよいでしょう。教師がモデルを提示することで，教師自身が前もってその活動を体験しておくことができます。どこで生徒はつまずきやすいか，どのように活動を導いていけばよいかなど，生徒をサポートするポイントが見えてきます。モデルとして前年度の生徒のパフォーマンスの録画や作品を見せるのも，生徒のやる気を高めます。

　モデルを提示したら，内容を生徒が理解しているか意味を確認したり，目的や評価方法，今後の計画などを説明しておきます。活動の目的やステップを確認することで，その後の活動への取り組みがスムーズになります。

② 準備段階の支援をする

　生徒が表現内容を考える際には教師がサポートします。表現内容が豊かになるように生徒の背景知識を活性化させてアイデアを広げたり，アイデアを整理させたりします。また，活動の目的は何であるのか，表現相手は誰であるのかなどを生徒に再度強調することで，どのような英語を使えばよいか，

4.4

活動：「できた！」と感じさせる

第4章　文法指導のステップについて考える

また，どのような順序で表現すればよいかを生徒は意識することになります。

　生徒に英語表現を考えさせる際，教師は机間巡視しながら，英語の苦手な生徒をサポートしたり，メッセージを伝える際に支障になりそうな表現を修正したりします。英語で表現するとなると生徒は難しい語彙や表現を選びがちです。教師は，習った文法でも簡単に伝えることができることを生徒に示します。

③　クラスの前で発表させる

　生徒がパフォーマンスの準備ができたり作品が完成したりしたら，生徒をクラスの前で発表させたり，他の生徒と作品を共有させたります。教師は生徒の発表に対して，どこが良かったのか，どこに注意すればよい表現になるかなどの評価とフィードバックを行います。プロジェクトなどの活動の評価方法については，第7章で詳しく見ます。他の生徒からも同じように評価やコメントを得ることで，活動への生徒のモティベーションを高めることになります。

Q & A BOX

Q. プロジェクト型の活動に取り組む時間がありません。どうすればよいでしょうか。

A. あれもこれも取り組みたくなりますが，1学期に1回プロジェクトに取り組ませる程度でもよいのではないでしょうか。これまでに習った文法を駆使して伝えたことが表現できるようになることを体験させる良い機会として捉えるとよいでしょう。また，同じ内容のプロジェクトを異なる学年で繰り返すことも，生徒は一度経験済みであるため準備の時間を削ることができお薦めです。例えば，自己紹介をしよう，自分の好きなものを紹介しようなど，中学1年で行ったものを2年でも再度行えば，使える文法が増えているため，より豊かな内容を表現できることを生徒に実感させることができるでしょう。

プロジェクトのバリエーション例

- [ ] **自己紹介をしよう**
  ALT の Mark 先生に覚えてもらえるように自己紹介をしてみよう。

- [ ] **友達を紹介しよう**
  友達の良いところを PR してみよう。

- [ ] **尊敬する人を紹介しよう**
  自分が尊敬する人物をクラスで紹介しよう。

- [ ] **自分の宝物を紹介しよう**
  自分の宝物をクラスで紹介しよう。

- [ ] **自分の町を紹介しよう**
  David 先生に自分たちの町の良いところを紹介しよう。

- [ ] **ALT にインタビューして新聞にしよう**
  ALT の Mary 先生にいろいろ質問をして，わかったことを新聞にまとめよう

- [ ] **ロボットを考案しよう**
  あったらいいなと思う便利なロボットを紹介するプレゼンをしよう。

- [ ] **修学旅行の思い出を発表しよう**
  楽しかった思い出を写真を使って発表しよう。

- [ ] **英語で手紙を書こう**
  2 年間お世話になった Mary 先生に英語でお礼の手紙を書こう。

4.4 活動:「できた!」と感じさせる

〈英語教育コラム④〉
アイテム学習とシステム学習

文法学習には段階があることを知る
　学習者がコミュニケーションを柔軟に行えるようになるには，文法規則を多様な場面で応用させることと同時に，数多くの文法規則を身に付けながら使い分けることができるようになる必要がある。様々な規則を体系化していく過程として文法学習を捉える場合，文法学習には大きく分けて4つの学習段階があり，この順に沿って文法知識が少しずつ発達していくものと考えられる（山岡, 2001；2004）。

　(1) 模倣学習（rote learning）
　(2) アイテム学習（item learning）
　(3) カテゴリー学習（category learning）
　(4) システム学習（system learning）

　模倣学習とは，ある発話内の文法を分析しないで丸覚えすることをさす。例えば，受動態の文である "This watch is made in Japan." という文を，受動態に関する規則が適用されたものと認識せず，そのままの形で覚えている状態をさす。
　アイテム学習とは，文法規則が適用された1つの例として，個々の文を学習することをさす。例えば，「〜が…される」という意味の受動態の規則が適用される1つの例として，"English is spoken all over the world." という形の文を学習者が学ぶ段階である。
　カテゴリー学習とは，個々の文法規則をすべての事例に適用できるよう規則を抽象化して学習する段階をさす。例えば，"Japanese cars are used all over the world." や "She was killed in a traffic accident." などの受動態の例に多く触れ，受動態というカテゴリーとして一般化した規則を身につける段階をさす。
　システム学習とは，カテゴリー学習された様々な文法規則を，より包括的な文法知識として体系化する段階をさす。受動態というカテゴリーに共通する抽

表．文法学習における4つの段階

段階	特徴	受動態の例
1. 模倣学習	項目を未分析のままで丸覚えする段階	"The watch is made in Japan." をそのまま丸暗記している状態
2. アイテム学習	個々の項目をそれぞれ規則の適用の一事例として学習する段階	「～が…される」という意味の規則が "English is spoken all over the world." の文に適用される
3. カテゴリー学習	個々の規則をそれぞれが統括するすべての事例に適用できるように抽象化して学習する段階	受動態の規則が "Japanese cars are used all over the world." や "She was killed in a traffic accident." などに応用される
4. システム学習	カテゴリー学習された様々な規則を文法知識全体として体系化する段階	"The vase was broken by Ken." と "Ken broke the vase." のように受動・能動の規則を使い分ける

(山岡，2001，2004をもとに筆者が改変し，表を作成したもの)

象的な規則である．「～が…される」という受動の意味は〈主語＋be動詞＋動詞の過去分詞形〉の形になると理解し，この規則と別のカテゴリーの規則（例えば，能動態の意味は〈主語＋動詞＋目的語〉の形で表現される）との相互の関係を理解し身につけることをさす．

このように，一般的な文法学習は，模倣学習から始まり，アイテム学習とカテゴリー学習を経て，システム学習に至るものと考えられる（表）．まずは1つの事例として文法規則が適用される段階から，様々な事例に規則が応用される段階へ，そして，別の文法規則と関連づけながら学習者の文法知識体系の中に組み込まれていく段階へというように，文法学習が徐々に深化していくものと考えられる．このような学習の段階は，文法指導の中期的かつ長期的な目標を考える上で，役立つ情報である．

◆参考文献

山岡俊比古．(2001)「第2言語学習におけるアイテム学習とシステム学習」『英語教育内容学と英語教育学研究』pp. 285-300. 広島: 渓水社

山岡俊比古．(2004)「外国語学習における事例を基にした規則の学習について」『言語表現研究』, 20. pp. 16-26. 兵庫教育大学言語表現学会

文法指導の展開を
シンプルにする

▼

5.0　指導展開をシンプルにしよう　166
▼
5.1　小学校での指導展開例　170
▼
5.2　中学校での指導展開例　176
▼
5.3　高校での指導展開例　186

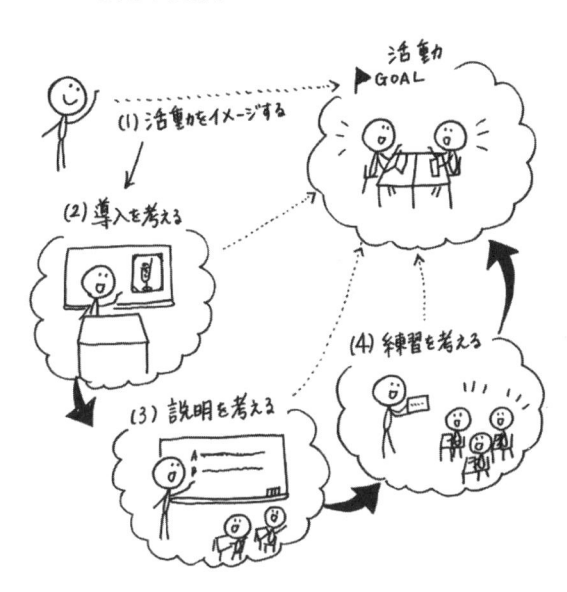

5

5.0　指導展開をシンプルにしよう

　第4章では，文法指導における導入から活動までのそれぞれのステップをどのように考えて指導を行えばよいかを様々な角度から見てきました。文法指導の導入から活動までを1つの授業として捉えた場合，個々のステップをどのように全体として一貫させていけばよいのでしょうか。本章では，どのような流れで1つの授業を組み立てていけばよいかを考えます。
　では，次の文法指導の授業づくりに関するチェックリストで当てはまる項目がないか確かめてみましょう。

文法指導の授業づくりに関するチェックリスト

文法指導の授業づくりについて次のリストを使って考えてみましょう。

- □ 授業に活動や内容を詰め込みすぎる
- □ 指導目標を達成できていない
- □ 活動のステップをなんとなく組んでいる
- □ 授業にメリハリがない
- □ 授業の展開の効率がよくない
- □ 授業のどこを改善すべきかよくわからない

　このリストのうち，複数の項目に当てはまるような場合，授業展開についてよく考えてみる必要があります。授業展開を考えるポイントは，右のページのように少なくとも4つあります。第1に，これまでの章で見てきたように指導目標・教材解釈・生徒把握・授業展開をしっかり考え指導の本質部分をつかむことです。第2に，ゴールである指導目標から逆算し，導入・説明・練習・活動の一貫したステップを生み出すことです。第3に，いろいろと考えた事柄の中でもっとも重要と考えたものだけにそぎ落とし，シンプル

授業展開を考えるポイント

□ **本質部分を押さえよう**
指導目標・教材解釈・生徒把握を通して，何のために，何をどのように文法指導で指導すべきか，文法指導の本質部分をしっかりと押さえた上で，指導を考えましょう。

□ **一貫性を生み出そう**
一貫性を生み出すためには，ゴールである指導目標を考え，導入・説明・練習・活動を連携させて計画し，授業をデザインすることが大切です。

□ **シンプルを目指そう**
指導すべき本質的なポイントを押さえ，授業展開の一貫性を考え，シンプルなものに集約することができれば，生徒にもわかりやすい指導になります。

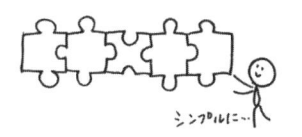

□ **楽しい授業を作り出そう**
教師も生徒も思考・判断・表現を楽しめる文法指導を作り出しましょう。そのためには，習った文法がコミュニケーションに役立つことを生徒が実感できる瞬間を生み出す工夫をしましょう。

な授業をデザインすることです。そして，第4に，教師も生徒も知的に楽しい授業を作りだすことです。生徒の知的好奇心に合った授業を考えましょう。

■ 授業展開をシンプルなものにするために

　教師が文法指導を考えれば考えるほど，複雑な指導になることがよくあります。そこで，文法指導における授業展開を意図的にシンプルなものにすることが必要になってきます。

　ゴールである活動を先にイメージし，その活動を生徒が自信をもって行うことができるようにするためには，どのような導入・説明・練習が必要かを考えることが重要です。導入，説明，練習，活動を別々に考えた結果，それらの連携がバラバラになることがあります。次のポイントを押さえて，そうならないようにしましょう。

1) ゴールである活動を先にイメージする

　まずは，文法指導における1つの授業のゴールである最終的な活動をイメージします。新しく習った文法を使って生徒にどのようなコミュニケーションをさせるのがもっとも適切かを考えてみます。そのためには，第2章で見たように，文法の特徴をよく考え，その文法はどのような場面で使われるのか，どのような働きがあるのかについて具体的に考えてみる必要があります。

2) 活動をイメージしながら導入を考えよう

　第2に，最終的な活動をイメージしながら，どのように新しい文法を導入すれば生徒の意欲を引き出せるかを考えます。新しい文法がどのような使用場面で使われるのかを具体的に理解することができるような導入を考えます。そうすれば，今日の活動の具体的なイメージをもたせることもできます。

3) 活動をイメージしながら説明を考えよう

　第3に，最終的な活動をイメージしながら，どのように文法の説明をすればよいかを考えます。その文法がどのような場面で何のために使われるのかを説明でも生徒がわかるように説明します。そうすることで，より活動が取り組みやすくなるとともに，説明の内容も生徒が理解しやすくなります。

4) 活動をイメージしながら練習を考えよう

　第4に，活動をイメージしながら練習を考えます。その際，生徒が次に行う活動でどのような表現を使いそうかを予想します。予想される表現に合わ

授業展開を考えるポイント

授業展開の一貫性とは

(1) 活動をイメージする → 活動 GOAL
(2) 導入を考える
(3) 説明を考える
(4) 練習を考える

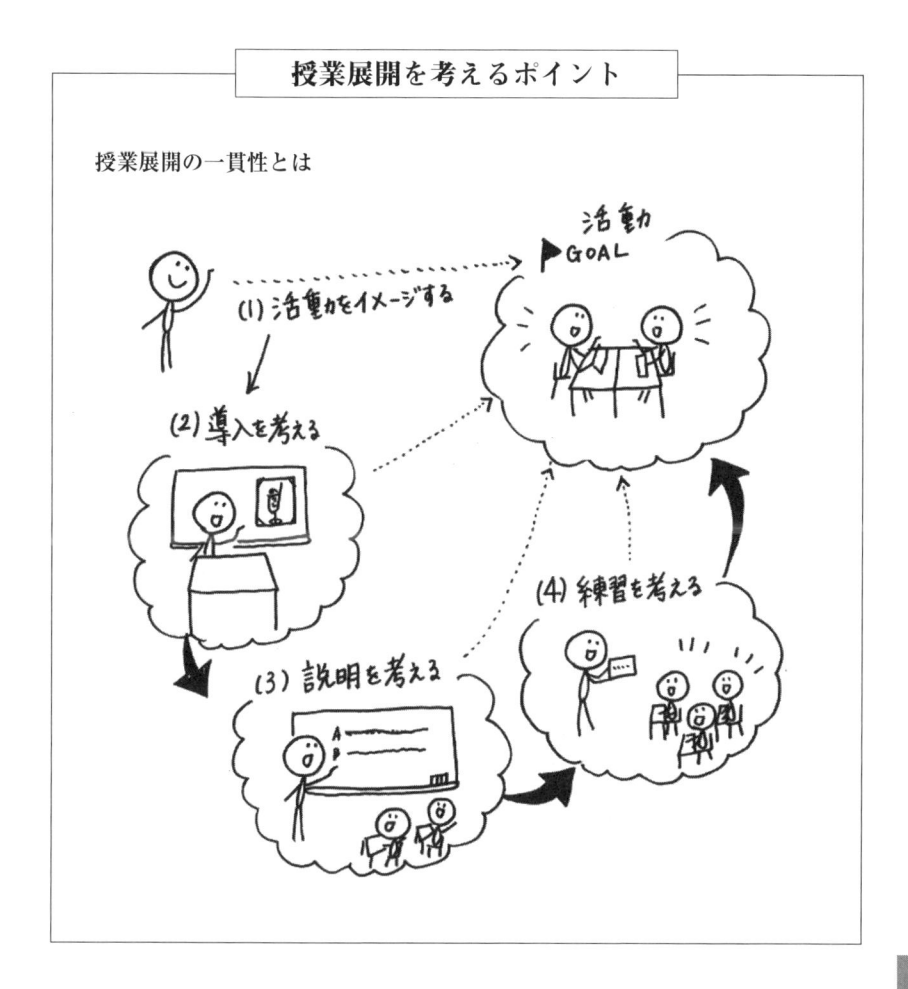

せる形で，練習内容を考えてそれをできるだけ具体的に生徒に伝えてから練習させれば，英語の苦手な生徒であっても，自信をもって活動に取り組むことができます。

　では，文法指導のシンプルな展開例を次に見ていくことにしましょう。

5.1 小学校での指導展開例

"What 〜 do you like?" の指導

小 中 高 大

【目標】
○ "What color do you like?" という疑問文を使って，相手に好きな色を尋ねたり，"I like yellow." という表現を使って，自分の好きな色を相手に伝えたりすることができる。

※対象レベル
　この指導展開例は，小学校および中学校の初期段階での授業に応用できます。

授業のイメージ

◆英語学習の初期段階での指導ポイント
　英語学習の初期段階では，文法の規則を明示的に教える形ではなく，教師がモデルを示しながら，ターゲットとなる表現を自然に提示し，その意味や機能，形式を児童に気づかせる指導を心がけます。
　そのためには，ターゲットとなる表現を自然に使う必然性のある使用場面を作り出しましょう。

この授業の指導展開イメージ

【指導展開のポイント】

友達の好きな色を尋ねてワークシートのTシャツに色を塗るという目的をつくることで，"What color do you like?" と尋ねる必然性がつくれます。児童の発達段階に応じて，新しい表現を使ったやりとりをする活動の目的を考えることがポイントです。

導入

- 〈前時に習った red, orange, yellow, green, blue, purple, pink, white, black の色を表す単語を声に出して復習する〉
- 〈教師のピンク色の服について話しながら〉
  What color do you like?
  I like pink.
  Look at me. My T-shirt is pink.
  What color do you like?
  Do you like yellow?
  Do you like blue?
  Do you like red?
- What color do you like?

◆モデルを提示する
　教師がモデルを提示しながら，新しい表現についての形式・意味・機能を児童に気づかせるようにします。

第5章 文法指導の展開をシンプルにする

○ Blue!
● Oh, you like blue.
○ Yellow.
● You like yellow. Good.

説明

● "What color do you like?" ってみんなに尋ねたけど，先生は何を尋ねていると思う？
○ 僕たちが何色が好きか？ってこと。
● そう。よくわかったね。「何色が好きかな？」って尋ねたいときは，"What color do you like?" って尋ねればいいんだね。
● 声に出して言ってみよう。
　What color do you like?
○ What color do you like?
● 先生に聞いてみて。One, two.
○ What color do you like?
● I like pink.
● 先生は何色が好きって言ったかな？
○ ピンク色
● そうだね。ピンク色が好きって言ったね。「私はピンク色が好きだよ」って英語で何て言ったかな？覚えている人いる？
○ I like pink.
● Great. I like pink. だね。
　「黄色が好きだよ」だったらどうかな？
○ I like yellow.
● そう。I like yellow. だね。
　「青色が好き」だったら？

◆導入でのモデルを活用して説明する
　導入で提示した内容をもとに，どのような表現が使われていたか，また，それはどのような意味や働きがあるのかを推測させながら表現の形を提示していきます。

○ I like blue.
● そう。I like blue.
「赤色が好き」だったら？
○ I like red.
● Very good.

練習

◆活動を見据えて練習する

　自信をもって活動に取り組めるように，しっかりと練習しておきます。

● 〈尋ね方を練習する〉好きな色の尋ね方を練習しましょう。
　What color do you like? Repeat.
○ What color do you like?
● What color
○ What color
● do you like?
○ do you like?
● What color do you like?
○ What color do you like?
● では，折り紙の色を使って言ってみよう。
　What color do you like?
　〈赤色の折紙を見せて〉
○ I like red.
● What color do you like?
○ I like blue.
　〈同じように他の色を繰り返す〉

活動

◆ターゲットの表現を使う必然性のある活動を行う

　ここでは，友達の好きな色を尋ねて，ワークシートのTシャツに色を塗るとい

● 〈ワークシートを配る〉
　"What color do you like?" と友達に尋ねて，みんな

第5章　文法指導の展開をシンプルにする　　173

が何色が好きか聞き出して，色を塗っていこう。

う目的をつくって活動をさせています。

● 〈児童とモデルを示す〉

　Shiho, come here.
　A：What color do you like?
　B：I like green.
　A：〈ワークシートに緑色を塗る〉
　B：What color do you like?
　A：I like pink.

● 途中でわからなくなったら，先生が助けるから言ってね。Are you ready? Go!

○ 〈友達の好きな色を尋ね合う活動を始める〉

Oh!　　I like green.

資料　ワークシート（活動用）

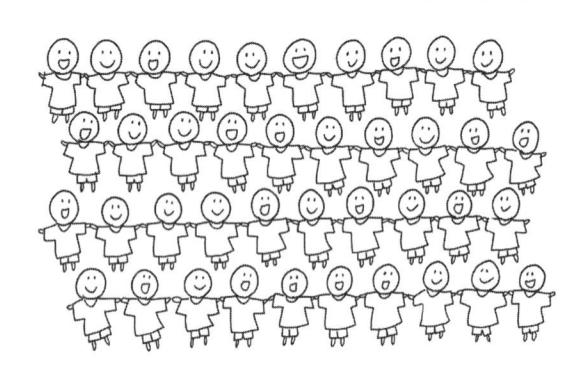

● じゃあ，それをもとに聞いてみますね。
　What color do you like?　Haru?
○ I like blue.
● You like blue.
　みんな合っている？　Blue の色塗った？

- ●じゃあ，直美さんはどうかな？
  みんなで聞いてみよう。One, two.
- ○ What color do you like?
- ○ I like pink.
- ● Oh, you like pink.　Me, too!
- ● じゃあ，このクラスで一番人気のある色は何だったかな？ One, two.
- ○ Yellow.
- ● Oh, you like yellow. それは意外だったね。
  What color do you like? で何色が好きか尋ねることができるようになったね。「私は黄色が好きだよ」って答えたいときには，I like yellow.って言えばいいんだね。
- ● What color do you like? って上手に使えたね。Color の代わりに，sport を使って，What sport do you like? って尋ねたり，animal を使って，What animal do you like? って尋ねることもできるよ。

◆活動後に今日使った表現を確認しまとめる
　児童が友達に好きな色を尋ねてまわる活動が終わったら，今度は教師がクラスで一番人気のある色を子どもたちに尋ねています。こうすることで，活動を通して得られた情報をもとに考え，判断し，表現することができるようになります。

【振り返りシート】

- □　好きな色の尋ね方がわかりましたか？
  　　A　とてもよくわかった　　B　まあまあわかった　　C　あまりわからなかった
- □　自分の好きな色を相手に伝えることができましたか？
  　　A　とてもよくできた　　　B　まあまあできた　　　C　あまりできなかった
- □　友達と英語を使って会話することができましたか？
  　　A　とてもよくできた　　　B　まあまあできた　　　C　あまりできなかった

児童からワークシートを回収し，友達の好きな色をワークシートに塗ることができていれば，"What color do you like?" を使って英語の活動に取り組めたとする。

5.2 中学校での指導展開例

過去進行形の指導

小　中　高　大

【目標】

○ "What were you doing?" という過去進行形の疑問文を使って，過去のある時点でやっていた最中のことがらを相手に尋ねたり，"I was 〜ing." という過去進行形の平叙文を使って，自分がやっている最中であったことを相手に伝えたりすることができる。

※対象レベル

この指導展開例は，おもに中学校での授業に利用できます。

授業のイメージ

(イラスト：生徒たちが "What were you doing?" "I was watching..." "Wow!" "I was 〜ing." と話している様子)

◆中学校での指導ポイント

中学校での文法指導では，1つの文法項目につき，平叙文・疑問文・否定文といった形式を1つひとつの授業に分けて学習します。1つひとつの指導を丁寧にデザインすることが大切になってきます。

この授業の指導展開イメージ

【指導展開のポイント】

・授業の最後の活動では，過去進行形の疑問文や平叙文を使って，有名人になりきって週末に何をしていたかをインタビューするスキットを作成させます。その活動を成功させるために，どのように導入・説明・練習を行えばよいかを逆算して考えます。

導入

● 〈ALT の Mike 先生と JTE が会話を見せる〉
　JTE：There was an exciting soccer game on TV at 10 o'clock last night.　Did you see it, Mike?
　ALT：No, I didn't.
　JTE：Really?　What were you doing?
　ALT：I was taking a bath at 10 o'clock.
　〈会話をもう一度繰り返す〉
　＊＊＊＊＊＊＊＊
● What was there on TV at 10 o'clock last night?
○ サッカーの試合。
● Did Mike see the soccer game?

◆形式・意味・機能を文脈の中で提示する

　導入では，新しい文法の形式・意味・働きを自分で気づけるように，生徒に身近な文脈の中でシンプルに提示します。また，教師の発話は，最終的な活動のモデルにもなっています。

5.2 中学校での指導展開例

第5章　文法指導の展開をシンプルにする　　177

- ○ No.
- ● Why didn't he see the game?
- ○ お風呂に入ってたから。
- ● Right. How can we say お風呂に入っていた in English?
  〈わからなければ，もう一度英語を聞かせる〉
- ○ I was taking a bath at 10 o'clock.
  〈板書する〉

説明

- ● How do you say 昨晩 10 時にはお風呂に入った in English?
- ○ I took a bath last night.
  〈板書する〉

1. I took a bath last night.
2. I was taking a bath at ten o'clock.

- ● Right. Repeat after me. (1 の文をリピートさせる)
- ● What does this sentence mean in Japanese? It is the past. We learned it already.
- ● Repeat after me. 〈2 の文をリピートさせる〉

- ● 1 と 2 は似ているけど違うよね。どう意味が違う？
- ○ 「風呂に入った」と「風呂に入っているとこだった」
- ● そうだね。
- ● じゃあ，1 と 2 の形はどこが違う？
- ○ "took" が "was taking" になってる。
- ● そう。「be 動詞の過去形＋動詞の ing 形」を過去進行形と言います。〈板書する〉

◆形式・意味・機能をシンプルに提示

　導入で聞き取った内容を確認しながら，新しいターゲットの文法の形を生徒に気づかせるようにします。すでに学習している過去形と比較させ，形式・意味・機能の違いに気づかせます。

1. I took a bath last night.　過去形
   風呂に入った　〈単なる過去のこと〉
2. I was tak|ing| a bath at ten o'clock.　過去進行形
   風呂に入っているところだった
   〈過去のある時点でしている最中の行為〉
   |主語| + |be動詞の過去形| + |動詞のing形|
   　　　　　（was, were）

● 過去形の文では，単に「昨日風呂に入った」と過去の行為を言っているにすぎないよね。でも過去進行形の文では，「昨日の10時はお風呂に入っているところだった」という過去のある時点において進行している動作を詳しく表すことができるんだね。

◆文法の働きを説明する
　文法説明では，単に形式と意味だけを説明するのではなく，その文法がどのような働きをするのかを説明することで，その文法が次に行う練習や説明に役立つことを意識させることができます。

練習

● タイムテーブルに書かれた内容を見ながら過去進行形を口頭で作る練習をする〈タイムテーブルにはALTのDavid先生の昨晩の行動が絵と文字で書き込まれている〉
● Look at this timetable. This is what David sensei was doing last night. Let's check it together. All right? What was David doing at eight?
○ He was eating dinner.
● That's right. He was eating dinner at eight o'clock last night. Repeat, class.
○ He was eating dinner at eight o'clock last night.
● 〈別の時刻の行動について尋ねる〉

◆次の活動を見据えた練習を行う
　練習の後に行う活動で何をするかを考えた上で，練習の内容を決めます。そうすることで，次に行う活動に自信をもって取り組むことができるようになります。

第5章　文法指導の展開をシンプルにする

〈入れ替える語彙：taking a bath / playing a TV game / studying English / sleeping / talking on the phone / watching TV / listening to the radio〉
…
- 〈タイムテーブルを指差しながら教師のキューで過去進行形の文を見て言わせる〉What was he doing at six o'clock?〈他の行動も同様に行う〉

活動

- Let's move on to the next activity. Last night your friend called you every two hours. But you didn't answer the phone calls. Tell us the reasons why you didn't answer the phone calls.
- Step 1：First of all, what were you doing at 8, 10, and 12? Write your actions on the sheet.〈自分の昨日の行動について語彙リストを参考にしながら，ワークシートに英語で書かせる〉
- Step 2：Ask your friends, "what were you doing?"〈例を参考にして英語で尋ねさせる。日本語でもよいのでメモを残させる。自分が尋ね終えたら，今度は友達に尋ねさせる〉
- Step 3：Write down your findings.〈友達の行動がわかったら，今度は友達の行動について英語で書かせる〉
- 隣のペアで過去進行形が正しく書けているか確認させる
- 何人かに発表してもらう。ワークシートは回収する
  〈チェックして返却する〉

◆自己表現活動で文法の働きを実感させる
　活動では，習った文法がコミュニケーションで使えることを実感させます。次の学びにつながるように，活動での成功体験をできるだけ多く積ませるようにしましょう。

| 資料　ワークシート（活動用） |

What were you doing last night?

STEP 1　この時間にあなたは何をしていましたか？実際にしていたことを書いてみよう。

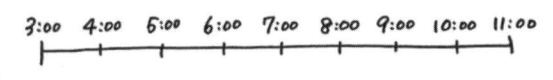

STEP 2　次の例を参考に，友達と英語で会話しよう。
　　A：I called you last night.
　　B：Sorry. I was ＿＿＿＿＿＿＿＿＿＿ then.

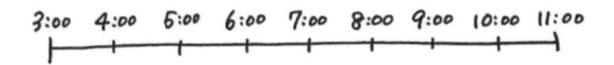

STEP 3　友達のことを英語で書いて表現してみよう。
　（例）　Takeshi was studying English at eight o'clock last night.
　　　　 He was taking a bath at ten....

〈過去進行形の否定文と疑問文を指導する指導展開は省略〉

第5章　文法指導の展開をシンプルにする

活動

- You are a very famous person. For example, I am Kazuya Ninomiya. Let's think about your schedule last Sunday. What were you doing last Sunday? Please think about what you were doing last Sunday. Think as you like.
- First of all, think about who you are. You are a very famous person. Did you decide?
- Then think about his or her schedule last Sunday and write it on the sheet.
○ 〈先週の日曜日のスケジュールを考え，表に書き込む〉
- Now I'd like you to go around the class and exchange the information you have. I'll show you an example.
- Takeshi, come here.
- Can I have your name, please?
○ I am Keisuke Honda.
- OK. What were you doing at 8 o'clock in the morning?
○ I was eating breakfast in a restaurant.
- What were you doing at 10 o'clock in the morning?
○ I was exercising in the gym.
- What were you doing at 2 o'clock?
○ I was taking a bath.
- What were you doing at 4 o'clock?
○ I was playing soccer on the pitch.
- What were you doing at 8 o'clock?
○ I was watching a soccer game on TV.

◆インフォメーションギャップを取り入れた活動

　ここでは，有名人になりきって，週末の日曜日の各時間に何をしていたかを考えさせます。表に書くことを自由にすることで，生徒はいろいろと想像して楽しく取り組みます。

…

● OK. Are you ready? Let's go!
○〈活動を始める〉

資料　ワークシート（活動用）

What were you doing last night?

STEP 1　あなたは好きな有名人になりきります。先週の日曜日，次の時間にあなたは何をしていましたか？表に書いてみよう。

time＼name	You　(　　　　　)	Friend　(　　　　　)
8：00		
12：00		
2：00		
4：00		
8：00		
10：00		
12：00		

STEP 2　表をもとに，友達と情報交換して，表を埋めてみよう。
　（例）　A：What were you doing at 8 o'clock in the morning?
　　　　　B：I was walking in the park.

STEP 3　友達のことを英語で書いて表現してみよう。
　（例）　Mao was studying English at eight o'clock last night.
　　　　　She was taking a bath at ten....

【振り返りシート】

- ☐ 過去進行形のつくり方がわかりましたか？
  　　A とてもよくわかった　　B まあまあわかった　　C あまりわからなかった

- ☐ 過去進行形がどのような場面で使われるかわかりましたか？
  　　A とてもよくできた　　B まあまあできた　　C あまりできなかった

- ☐ 過去進行形を使って，友達とやりとりをすることができましたか？
  　　A とてもよくできた　　B まあまあできた　　C あまりできなかった

- ☐ 気づいたことや感想
  　　(　　　　　　　　　　　　　　　　　　　　　　　　　　　)

Q & A BOX

Q. コミュニケーション活動の後はどのような指導をすべきでしょうか？

A. コミュニケーション活動を行った後は，ターゲットの文法を確認する時間を取ります。活動中に見られた間違いを修正したり，板書して説明した例文をノートに写させたり，活動で行った口頭でのやりとりをノートに文字で書かせてみたりするとよいでしょう。また，ワークブックの文法問題で確認することも，習った文法を定着させる上で効果的です。コミュニケーションの中で文法の働きが理解できていれば，ワークブックの文法問題にも取り組みやすくなっているはずです。

> **Q & A BOX**

Q. 指導展開をシンプルにするということがよくわかりません。どのように考えればよいでしょうか。

A. 指導展開をシンプルにするとは，段取りよく料理をするようなものです。最終的に作る料理をイメージしながら，材料を用意したり調理したり手際よく料理を進めていくのと同じように，指導目標に向けて，バラバラな展開をすることなく，一貫した流れの中で，無理なく授業を進めていくということです。指導展開の全体の流れを見通さずに指導してしまうと，無駄な展開が多くなってしいます。
　そのためには，最終的なゴールをイメージして，最善のステップを考えることが重要になります。つまり，文法の特徴をしっかりと押さえた上で，最終的にその文法を使って生徒に何ができるようになってほしいかを具体的に考えた上で，どのように導入・説明・練習・活動を行うかを考えます。それが，指導展開をシンプルにするためのコツです。

5.3 高校での指導展開例

比較表現の指導

小　中　高　大

【目標】
○場面に応じた比較表現の使い方についての知識を身につけ，情報や自分の考えを比較表現を使って，相手に伝わるように説明することができる。

※対象レベル
　この指導展開例は，高校でのものですが，中学校での授業にも応用できます。

授業のイメージ

Part 2 世界一小さい動物は何でしょうか。

　You can see one of nature's number ones in Thailand. A very small bat lives there. It weighs only 2 grams and it's only 3 centimeters long. It's shorter than your thumb. It is perhaps the smallest mammal in the world.
　The oldest tree in the world is in California, U.S.A. It's a pine tree and it's over 4,700 years old. It's older than the Egyptian pyramids. It grows very slowly. That's one secret of its long life.

Thailand [táilænd]
bat [bæt]
weigh(s) [wéi(z)]
thumb [θʌm]
perhaps [pərhæps]
mammal [mǽml]
California [kæləfɔ́ːrnjə]
pine [páin]
Egyptian [idʒípʃən]
pyramid(s) [pírəmid(z)]
secret [síːkrət]

Sound
2 bat
"but" との発音の違いに注意

(*Compass English Communication I*, Lesson 2 より)

この授業の指導展開イメージ

【指導展開のポイント】
・教科書（左ページ下）では，世界記録に関する情報を数字や比較表現を用いて紹介する説明文が扱われています。教科書の本文内容を使いながら，比較表現の文法指導を導入していきます。
・最終的な活動では，比較表現を使って，自分の考えを表現する活動を行います。そのために，どのように導入・説明・練習を行うかがポイントになります。

◆高校での指導ポイント
　高校では，1つの授業の中で平叙文・疑問文・否定文をまとめて学習したり，複数の文法項目を学習したりすることが多くなります。より効率的な指導の流れを考えることが大切になります。

導入＆文法説明

● 〈教科書 Part 2 の本文理解を前時に済ませ，今回は，教科書本文の復習から入るため，まず本文を教師が生徒に読み聞かせる〉

● We have learned Part 2 of Lesson 2. Let's review Part 2.
● What is the smallest mammal in the world?
○ Bat.
● Yes. How long is the bat?
○ It's only three centimeters long.

◆本文内容を利用した導入と文法説明を行う
　前時の復習を兼ねながら，本文内容を確認し，比較表現の導入と文法説明を簡潔に行っています。

第5章　文法指導の展開をシンプルにする　　187

● So it is very small. Look at your hand. How long is your thumb?

○〈親指を測る〉

Five centimeters long.

● Which is shorter, your thumb or the smallest bat?

○ The bat is shorter.

● The bat is shorter than your thumb.〈この文を板書する〉

● Then why is "thumb" used in this text?

○ 比較した方がわかりやすいから。

○ 自分の手は身近なものだから，こんなにちっちゃいということが見たらすぐにわかるから。

● そうだね。身近なものと比較すればその特徴がよくわかるよね。

● How about this sentence, "It is older than the Egyptian pyramids."?

● How old is the pine tree in California?

○ It is over 4,700 years old.

● Yes, it is very old.

● How old are the Egyptian pyramids?

○ About 4,500 years old.

● So, we can understand the pine tree is very old when we use comparatives.

● このように，「～よりも…の方が～である」というときにその凄さや素晴らしさなどの特徴を強調したいときに比較級を使います。便利だよね。みんなも使えるようにしていきましょう。

＊＊＊＊＊＊＊＊＊＊＊＊＊

● Let's move on to the main part of today's lesson. First of all, I'll tell you the aims of today's lesson : 1) You

◆文法の働きを説明する

　文法説明では，単に形式と意味だけを説明するのではなく，その文法がどのような働きをするのかを説明することで，その文法が，次に行う練習や説明に役立つことを意識させることができます。

can use numbers to get information, 2) you can express your opinions using comparatives.

練習

- ● Now I'll show you some picture cards. Looking at these pictures, please practice the expressions to compare things. All right?
- ● Old, older, oldest.
- ○ Old, older, oldest.
- ● Good.
- ● Young, younger, youngest.
- ○ Young, younger, youngest.
- ● Very good.
- ● High, higher, highest.
- ○ High, higher, highest.
- ● Good.
- ● Cold, colder, coldest.
- ○ Cold, colder, coldest.
- ● Good.
- ● Hot, hotter, hottest.
- ○ Hot, hotter, hottest.
- ● Big, bigger, biggest.
- ○ Big, bigger, biggest.
- ● Long, longer, longest.
- ○ Long, longer, longest.
- ● Easy, easier, easiest.
- ○ Easy, easier, easiest.
- ● Important, more important, most important.
- ○ Important, more important, most important.

◆活動につながる練習をする

　練習の後に行う活動で何をするかを考えた上で、練習の内容を決めます。そうすることで、活動の中で本当に使いたいという場面で自然に英語が出てくるようにします。

- ● Popular, more popular, most popular.
- ○ Popular, more popular, most popular.
- ● Beautiful, more beautiful, most beautiful.
- ○ Beautiful, more beautiful, most beautiful.
- ● Very good!
- ● OK. Look at these two pictures. Compare these pictures and make sentences using comparatives.
- ● How about this one? Which is shorter, the bat or our thumb?
- ○ The bat is shorter than our thumb.
- ● Good! How about this one? Which is older, the Egyptian pyramids or the pine tree?
- ○ The pine tree is older than the Egyptian pyramids.
- ● Good.
- ● How about this? Which is older, Tokyo Tower or Tokyo Skytree?
- ○ Tokyo Tower is older than Tokyo Skytree.
- ● Very good.
- ● Tall.
- ○ Tokyo Skytree is taller than Tokyo Tower.
- ● Very good.
- ● Popular, Tokyo Tower or Tokyo Skytree? Either is OK.
- ○ Tokyo Skytree is more popular than Tokyo Tower.
- ● Beautiful.
- ○ Tokyo Skytree is more beautiful than Tokyo Tower.
- ● OK. Good.
- ● What is this?
- ○ 山梨県

◆自由度のある練習を行う

　同じ練習でも，少し考える余地のある練習を行っています。生徒によって考えが異なる可能性があり，教師も生徒も楽しんで練習を行うことができます。

- How about this?
○ 東京都
- Good guess!
- This is Yamanashi and this is Tokyo. Which is smaller, Yamanashi or Tokyo?
○ Tokyo is smaller than Yamanashi.
- Which is more popular, Yamanashi or Tokyo?
○ Tokyo is more popular than Yamanashi.
- Which is more beautiful, Yamanashi or Tokyo?
○ Yamanashi is more beautiful than Tokyo.

- Who is this?
○ ぱみゅぱみゅ
- Who is younger, Pamyu or Ms. Tanaka?
○ Pamyu is younger than Ms. Tanaka.
- Who is older, Pamyu or Ms. Tanaka?
○ Ms. Tanaka is older than Pamyu.
- Who is cuter, Pamyu or Ms. Tanaka?
○ Ms. Tanaka is cuter than Pamyu.
- Thank you.
- Who is more popular, Pamyu or Ms. Tanaka?
○ Ms. Tanaka is more popular than Pamyu.
- Really? Oh, thank you very much.

活動

- Now move on to Today's Communication Activity. I'd like you to make groups of four members. Put your desks together. Leaders of each group, come up to the front.

◆活動

活動では，比較表現を用いて自分の考えを表現させています。ここでは，教師が提示した事柄を生徒に推測させます。生徒の推測は，それぞれ異なる可能性があり，その意見の違いが，活動を面白くします。教師は，生徒の異なる意見をうまく拾って，クラスで共有することがポイントとなります。

- ●〈ワークシートを黒板に貼って〉I gave this worksheet to your leaders. Please share this worksheet and decide your opinions. a) the Nile River, b) the Mississippi River, c) the Amazon River, d) the Shinano River.
- ● Which is the longest river? Please write number one on your work sheet if you think it is the longest. Which is the second longest? Write two, three, and four in the same way. All right?
- ○〈各グループで英語で議論する〉
- ● OK. please come to the front, Group A. Tell us your opinion.
- ○ We think the Amazon River is the longest. The Mississippi River is longer than the Nile River. The Nile River is longer than the Shinano River.
- ● OK. Thank you.
- ● Now I'll give some information. Please tell this information to everybody.
  〈川の実際の長さが書かれた情報を見せる〉
- ○〈与えられた情報を他の生徒に伝える〉
- ○ The Nile is 6,650 km long.
- ○ The Mississippi is 3,780 km long.
- ○ The Amazon is 6,400 km long.
- ○ The Shinano is 367 km long.
- ○〈他のグループの生徒は,聞き取った情報をもとに結果を書き込む〉
- ● Tell us the results.
- ○ The Amazon River is the longest. The Mississippi River is longer than the Nile River. The Nile River is longer than the Shinano River.

- OK. Let's move on to the next activity. a) Mary, b) Mr. Sato, c) Ms. Tada, d) Mr. Maeda. Who is the tallest? Please guess their height. Who is the tallest of the four teachers? OK?
  〈同様にグループで取り組ませた後，発表させる〉
- 〈実際の数字を伝え，結果を考えさせる〉
- OK. Let's move on to Activity 3. Compare the importance of a) health, b) money, c) love. Which is the most important for you, health, money, or love? Is money more important than love? Please talk about your opinion.
  〈同様にグループで取り組ませた後，発表させる〉
- Please tell us your group's opinion. How about Group A?
- We think money is the most important. Money is more important than health because we can't go to hospital without money. We think health is more important than love. Because we can't do anything without health.
- How about Group B?
- We think love is the most important....

◆活動を通して思考力・判断力・表現力を高める
　言語活動を通して思考・判断し，相手に伝わるように表現させる力を育成します。文法指導においてもグループ活動をうまく利用して生徒の力を伸ばしていきましょう。

資料　ワークシート（グループ活動用）

Today's aims：
1. You can use numbers to get information.
2. You can express your opinion using comparatives.

Activity 1

	The Nile	The Mississippi	The Amazon	The Shinano
1. Your opinion				
2. Information	km	km	km	km
3. Result				

Activity 2

	a. Mary	b. Mr. Sato	c. Ms. Tada	d. Mr. Maeda
1. Your opinion				
2. Information	cm	cm	cm	cm
3. Result				

Activity 3

	a. health	b. money	c. love
Group's opinion			

まとめ

- OK, I'll give you another sheet. This is Today's Expression and Evaluation Sheet.
- Look at Today's Expression. I'd like you to remember Today's expressions using comparatives. Write the sentences you used.
- Could you try to use numbers to get information and to express your opinions? And could you tell your friends your opinions using comparatives? What do you think?

○〈ワークシートに書き込む〉

Expressions

□ コミュニケーション活動で使った表現を思い出して書いてみよう。

[long] _____

[tall] _____

[important] _____

自己評価：比較表現を使って書こうとしましたか？ （A・B・C）
教師評価：意欲 （A・B・C）　知識 （A・B・C）

【振り返りシート】

□ 数字を正確に伝えたり聞いたりすることができたか？
　　A　とてもよくできた　　B　よくできた　　C　あまりできなかった

□ 比較表現を使って自分の考えを相手に伝えることができたか？
　　A　とてもよくできた　　B　よくできた　　C　あまりできなかった

□ 感想　[　　　　　　　　　　　　　　　　　　　　　　　　　　　　　]

〈英語教育コラム⑤〉
宣言的知識と手続的知識

宣言的知識と手続的知識とは？
　学習者がコミュニケーションをスムーズに行うことができるようになるためには，文法規則を形式・意味・機能という側面から知識として頭の中で理解しているのと同時に，リアルタイムで行われるコミュニケーションの中で，その文法規則をスムーズに使いこなせるようになっている必要がある。文法知識は，規則の適用プロセスという観点から捉えると，表に見るように，宣言的知識（declarative knowledge）と手続的知識（procedural knowledge）の2つの知識に区分できる（Anderson, 1993; 2000）。
　宣言的知識とは，文法説明などで説明されて学習した，あるいは学習者が自分で気づいた文法規則についての明示的な知識をさし，手続的知識とは，メッセージを送授するために文法規則を自動的かつスムーズに使用する力のことをさす。学習者が文法をコミュニケーションで自由に使えるということは，宣言的知識として文法規則を使いこなせるだけではなく，手続的知識として文法規則を使いこなせる状態であることをさす。
　宣言的知識と手続的知識の違いは，水泳の例でも考えることができる。水の中で泳ぐための腕や足の使い方を説明できても，実際に水の中で泳げるとは限らない。それは腕や足の使い方に関する宣言的知識はあっても，実際の泳ぐ中で腕や足を使うための手続的知識が備わっていないためである。
　文法規則の受動態を例に考えてみる。受動態に関する宣言的知識としては，以下のように，どのように文を形づくれば受動態ができるかという規則について学習者は明示的に知っていることをさす。

〈受動態の文をつくるための規則例〉
1. 受動態の文では，be 動詞と一般動詞の過去分詞形を用いる
2. 受動態の文では，主語の位置に動作の影響を受ける対象が置かれる
3. 〈by＋動作主〉は，とくに動作主を強調したい場合に用いる，など

表. 宣言的知識と手続的知識

タイプ	特徴	獲得方法
宣言的知識	明示的に指導された，あるいは学習者が自分で気づいた文法規則についての明示的な知識	教師が明示的に提示した規則を学習者が理解することで獲得される
手続的知識	メッセージを送授するために文法規則を自動的かつ瞬時に使用する力	文法の形式・意味・機能を結びつける活動の中で，規則の処理を自動化することで獲得される

　一方，手続的知識とは，宣言的知識を使って，自動的にコミュニケーションできる力をさす。受動態の場合，上の一連の受動態の文をつくるための宣言的知識を使って，コミュニケーションの中で自動的に使いこなすことになる。例えば，次のような場面で，スムーズに受動態が言える状態である。

（祖母の書いた本を見せながら）
Look at those books. They were written by my grandmother.

　学習者が，受動態をどのように形づくればよいか口頭で説明できたとしても，実際に受動態をスムーズに使えるとは限らない。これらの規則を，インプット処理やアウトプット処理を繰り返す中で，スムーズに運用する練習を通して個々の規則は統合され，自動的に処理できる自動化（automatization）が進み，手続的知識が獲得されていく。
　文法指導によく見られる問題として，文法指導が宣言的知識の提示と獲得だけに終始してしまっていることが挙げられる。文法説明を通して宣言的知識を生徒に与えたものの，コミュニケーションの中で実際に使えるその文法の手続的知識の育成については十分に行われていないという点である。コミュニケーションで使える文法を身につけさせるためには，宣言的知識のみならず手続的知識を獲得させていくことが欠かせない。まずは，文法知識には，宣言的知識と手続的知識という2つの側面があることを教師が認識しておくことが大切である。

◆参考文献
Anderson, J. R. (1993). *Rules of the Mind*. Hillsdale, NJ：Lawrence Erlbaum.
Anderson, J. R. (2000). *Learing and Memory: An Integrated Approach*, Revised Edition. New York：John Wiley and Sons.

タスクを使った
文法指導を考える

6

▼

6.0 コミュニケーションの中で文法を使いながら学ぶ　200

▼

6.1 「タスク」とは何かを知ろう　202

▼

6.2 身近なタスクを具体的に考えよう　206

▼

6.3 焦点化されたタスクを考えよう　210

▼

6.4 タスクにおける文法指導を考える　214

6.0 コミュニケーションの中で文法を使いながら学ぶ

■ これからの実社会のコミュニケーションで求められる力

　生徒が文法についていくら知っていたとしても実際にコミュニケーションができるとは限りません。習った文法表現が頭から瞬時に出てこなかったり，文法でミスをするのを怖れて何も言えなかったりして，コミュニケーションがうまくできない場合がよくあります。これは，自然な言語使用の中で，文法を含む言語知識を実際に使いこなす経験が足りないからです。

　では，実社会における自然な言語使用の場面で求められる英語の力とはどのようなものでしょうか。次のリストを使ってその特徴について考えてみましょう。

実社会のコミュニケーションで必要な英語の力

- ☐ 準備をせずに瞬時に英語を使うことができる
- ☐ いろいろなことを考える中で英語を使うことができる
- ☐ 今ある知識でコミュニケーションをなんとか成立させることができる
- ☐ コミュニケーションの目的をうまく達成させることができる
- ☐ 相手と協力してさまざまな考えの中から判断したり，結論を導き出したりすることができる

　実際の生活の中で行われる自然な言語使用では，準備をしないで即興的に英語を使うことが求められます。相手のあるコミュニケーションでは，相手は悠長に待ってくれないこともあります。その中で，今自分が持っている文法知識や語彙の範囲を駆使して，なんとかコミュニケーションを成立させなければなりません。実社会のコミュニケーションでは，情報をやりとりしたり自分の気持ちを相手に適切に伝えたりするなど，コミュニケーションの目

的を達成させる必要があります。そして，相手とやりとりしながら結論を導き出す交渉力も求められます。

　生徒も今後このような場面の中で文法を駆使して英語でコミュニケーションを行う可能性があります。その中では，習った文法を1つひとつゆっくりと考えている余裕はありません。学校でも，このような実社会での場面を想定したコミュニケーションの中で文法を使う経験をさせておくことはできないのでしょうか。

　実際のコミュニケーションで，伝えたいメッセージを伝えることができたという体験をしたり，これまで身につけた文法を，メッセージを伝えるため無意識のうちに使う体験をさせたりする方法を考えなければなりません。

■ コミュニケーション体験と文法指導

　コミュニケーション能力を育成するために重要なことは，ことばを実際に使いながら，文法を学ばせる指導と，文法を学んでからことばを使わせる指導を繰り返し，そのサイクルを常にまわし続けることにあります。これを図示すると図のようになります。

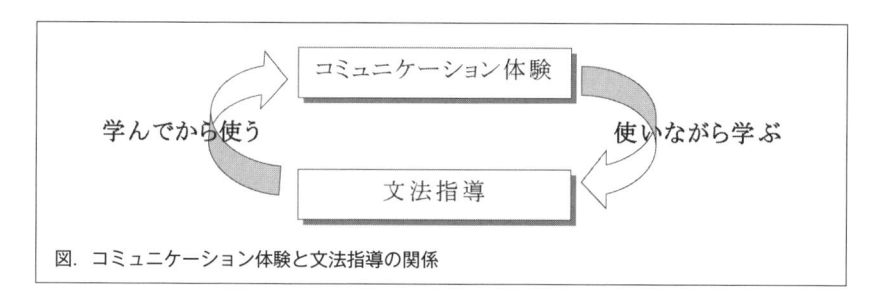

図. コミュニケーション体験と文法指導の関係

　「学んでから使う指導」とは，導入・説明・練習のステップを踏んでから，文法を使わせる指導をさします。一方の「使いながら学ぶ指導」とは，とりあえず文法のことにはとらわれずに，コミュニケーションを生徒に体験させる指導をさします。図のように，コミュニケーション体験と文法指導の両方を授業の中に組み入れていくのです。そして，ニーズが高まった時点で，学習者のスタイルや発達段階を考慮しながら，もっとも適切な形で文法指導をすることが大切です。

6.1 「タスク」とは何かを知ろう

■ タスクとは何か，タスクの目的は何かを知ろう

では，実際のコミュニケーションに近い形で，生徒に言語使用の機会を保障するためには，私たちはどうすればよいのでしょうか。英語教育でも議論されることの多い，「タスク」という概念を参考に，そのヒントを考えてみることにしましょう。先の章で見た「活動」と「タスク」は何が違うのでしょうか。次の例をもとに考えてみましょう。

Example 1

来月クラスのお楽しみ会で映画を見る予定です。ALT の David 先生も参加します。みんなで見る映画の DVD を 1 つに決定しましょう。次のステップで進めます。
(1) お薦めの映画の DVD を 1 つ家から持ってこよう。
(2) なぜその映画がお薦めなのか理由を説明しよう。
(3) グループで話し合って，見る映画を 1 つに決めよう。

この Example 1 を「活動」として行う場合と，「タスク」として行う場合を比べてみましょう。「活動」として行う場合には，やりとりに必要となる比較表現や語彙を，事前にしっかりと練習します。そして，比較表現を必ず使って活動するように生徒に指示をしてから，活動に取り組ませます。つまり，活動の目的は，コミュニカティブな場面の中で文法を活用させることにあります。

一方，「タスク」として行う場合，やりとりに必要となるであろう比較表現の練習は前もって行わなくても構いません。タスクの前に，比較表現を使うように指示を行わずに，この活動に生徒を取り組ませます。したがって，タスクの目的は，文法を活用させることにあるのではなく，コミュニケーションの目的を達成するために，自然な言語のやりとりを体験させることにあります。教師は，活動で使えば便利であろうと思われる文法や表現を予想をして，フィードバックをします。

次に，タスクにもとづいた言語指導はどのようなものかを考えてみましょう。タスクに基づいた言語指導とは，私たちが日ごろのコミュニケーションで行っている活動，すなわち，タスクを学習者に課すことで，実生活に近い言語使用の機会を教室内に作り出し，学習者の言語習得を促進させようとする指導をさします。Ellis (2003) は，タスクの条件を次のように定義しています。

〈Ellis（2003）によるタスクの条件〉

1) 意味に焦点がある
2) 実際に起こりうる言語のやりとりがある
3) スピーキング，リーディング，リスニング，ライティングのうち1つ以上のスキルが含まれる
4) タスクを成し遂げる際に，自然な認知プロセスが含まれる
5) 成果を示すことが求められる

Ellis の定義に従えば，Example 1はタスクの条件を満たしています。例えば，みんなで見る映画を1つに決めるという活動は，実際の生活で起こりうるやりとりであり，生徒の意識は文法ではなく意味に向けられます。活動の中では，リスニングとスピーキングと同時に，映画をリストアップし，その中からベストの映画を選び出すという自然な認知的なプロセスが含まれます。見る映画を1つに決めるという最終的な成果を示す必要性もでてきます。

タスクの概念でもっとも重要なポイントは，活動の目的が，意味のある自然な文脈の中で，生徒に自由に言語使用を体験させている点にあります。Example 1と同じ活動を行っても，教師が「比較表現を使って活動しましょう」という指示を出したとすれば，生徒の意識はターゲットの文法である比較表現を正確に使うことに意識が向けられます。活動の目的が，ターゲットとする文法を使用させることになると，タスクではなく練習や活動になります。

実際のコミュニケーションでは，先にターゲットとする文法項目が提示され練習することもモデル文が提示されることもありません。コミュニケーションの目的を達成するために，自然な言語のやりとりの中で，無意識レベルで文法を使いこなす経験を多くもつということが，タスクを行う目的です。このタスクの目的を教師も生徒もしっかりと理解し，見失わないことがとても大切です。

■ 日ごろの授業でできる良いタスクとは

　タスクには，前もって文法表現を練習せずに活動に取り組ませ，しかも，ターゲットとする文法表現を使うように生徒に明示的に指示をしないという特徴があります。このことから，授業の中でタスクを実施することは，生徒にとって難しすぎるのではないかと考えられる傾向があります。

　しかし，工夫次第で，日ごろの授業の中でも気軽に取り組みやすいタスクを考え出すことができます。具体的なタスク例を見る前に，まず，日ごろの英語授業の中で取り組める良いタスクとはどのようなものか考えてみましょう。

　授業の中で取り組みやすいタスクの条件は，次の3つです。

1) すぐに始めることができる
2) 活動に時間がかからない
3) 内容が楽しいものである

　第1の条件として，すぐに始めることができるタスクであるという点があげられます。長々と説明が必要となるようなタスクでは，生徒の活動へのモティベーションは高まりません。タスクの最終ゴールをすぐにイメージできるようなシンプルなタスクがベストです。生徒に関連したことや生徒が知っていることがらをうまく活用すれば，比較的簡単にタスクを行うことができます。

　第2に，タスクの活動に時間がかかりすぎないということも重要です。タスクによっては，10分程度でできるものから，5，6時間必要となる大掛かりなタスクまで考えることができます。まずは，できるだけ時間のかからないちょっとしたタスクを考えることから始めてみてはどうでしょうか。

　第3に，タスクの内容が生徒にとって楽しいものであるかという点もとても重要です。生徒がぜひやってみたいなと思えるタスクのトピックや，生徒のチャレンジ精神をくすぐるような明確な目的を，教師がひと工夫してつくり出しましょう。

　このようなことを意識しながら，シンプルなタスクを考えだすことができれば，日ごろの授業の中でも，タスクを用いたコミュニケーション体験を重視した指導を継続的に行うことが可能となるでしょう。

取り組みやすいタスクの3つの条件

☐ すぐに始めることができる

　　すぐに始めることのできるタスクでは，生徒がすでに知っていることを扱います。例えば，生徒が好きな人やもの，地元の観光地の紹介，過去に行った具体的な経験，他の教科で習って知っていることなど，生徒がすでに知識や情報をもっているものを活用するとよいでしょう。

☐ 活動に時間がかからない

　　活動に時間がかかりすぎないという条件は，日ごろの授業でタスクを行うためには大切です。10分〜20分程度の短時間でできるようなタスクであれば，レッスンとレッスンの隙間の授業や，学期末などの縛りのない時期に行う授業，そして，クラブ活動の時間など，気軽にタスクを実施することができます。

☐ 内容が楽しいものである

　　タスクを楽しいものにするには，教師によるひと工夫が必要です。例えば，「あったらいいなと思うロボットを考えましょう」という内容でも，「ALTのJohn先生は，ロボット製作会社の社長です。John先生がなるほど面白い！と企画を採用してくれるようなロボット企画を提案しましょう」とするということです。

6.1 「タスク」とは何かを知ろう

6.2　身近なタスクを具体的に考えよう

■「タスク」をつくるために必要な要素

　タスクにどのような要素があれば，生徒が英語でコミュニケーションをしなければならない状態になるのでしょうか。Willis & Willis（2007）は，タスクをよりコミュニケーションに近い形にするために，次のような認知プロセスを提示しています。

1) リストアップする
2) 順序づける
3) 照合する
4) 比較する
5) 問題解決をする
6) 個人的な経験を共有する
7) プロジェクトや創造的課題を行う

では，具体的に見てみることにしましょう。まずは，リストアップする要素を含むタスク例です。

Example 2

　ALT の Caroline 先生が次の休日に山梨の観光地に行こうと考えています。そこで，グループごとに話し合って，お薦めの山梨の観光スポットをできるだけ多く挙げましょう。なぜそこがお薦めなのか，その理由も話し合って，先生に伝えましょう。

　リストアップするとは，あるトピックに関する項目をできるだけ多く挙げたり，インタビューや調査をしてできるだけ多くの情報を集めたりすること

です。できるだけ数多くの項目を出すことがタスクの目的となります。他にも，理想の結婚相手の条件をできるだけ挙げよう，リーダーに求められる性質をできるだけ挙げよう，などが考えられます。

次に，順序づける要素を含むタスク例を見てみましょう。順序づけるとは，写真や出来事を時間順に並べたり，人や物事を順に並べたりすることをさします。自分の考えや理由を述べながら，順に人やものを並べることが目的となります。他にも，好きなスポーツのベスト5を考えよう，好きな芸能人ベスト5を挙げよう，好きな歌ベスト5を考えよう，などが考えられます。

Example 3

あなたはアメリカにホームステイに行きます。アメリカにおみやげとして何を持っていけばホストファミリーに喜ばれるか考え中です。日本からもっていくおすすめのおみやげを順序づけて理由とともに提案してみよう。

次に，照合する要素を含むタスク例を見てみましょう。

Example 4

好きな科目ベスト5を好きな理由とともにクラス全員にアンケート調査をしました。グループごとにその結果を予想してみましょう。

照合するとは，生徒が聞いたり読んだりして得た情報と，絵や物，情報と照合させながら生徒が対応することです。タスクの成果としては，情報と情報を正しく照合できたかどうかを示すことにあります。他にも，事前に好きな給食ベスト3のアンケートを理由付きでクラスで実施しておき，グループで順位や理由などを予想しながら，ベスト3を決めます。そして，実際のアンケート結果を聞かせるといったことが考えられます。

次に，比較する要素を含むタスク例を見てみます。

> **Example 5**
> Mary 先生の息子さんはこの春，大学に合格しました。大学は家から近いのですが，一人暮らしをするか，家から通うか迷っています。どちらにすべきかグループでアドバイスを考え，みんなの考えを伝えてみよう。

　比較するとは，あるトピックや情報を比較して，共通することを考えたり，相違点を考えたりしながら，どちらがよいのか，どちらを選択すべきかなどを考え出すことです。選択肢のどちらがよいかを理由とともに決定することが目的となります。他にも，ラブレターは手紙かメールのどちらがよいか，朝食はパンとご飯のどちらがよいか，などが考えられます。

　次に，問題解決を含むタスク例を見てみましょう。

> **Example 6**
> ALT の David 先生は，最近，仕事で忙しくてとても疲れています。ストレス解消のために何をするとよいか，David 先生のために最善の方法を考えよう。

　問題解決とは，ある問題に対して，自分たちの経験をもとに考え出した最善の対策を比較・評価しながらグループで話し合わせることをさします。説得力のある解決策を提案できるかどうかが，このタスクの最終的な成果となります。

　次の例は，個人的な経験を共有することを含むタスクの例です。

6.2

身近なタスクを具体的に考えよう

Example 7
　最近あったラッキーと思える出来事をグループで話してみよう。グループの中で最もラッキーな出来事をクラスで発表してもらいます。

　個人的な経験を共有するとは，生徒自身の事柄や経験をグループで話すことをさします。最終的な成果としては，グループ全員が自分の経験を話し，他のメンバーがその内容を正確に理解することにあります。他にも，もっともおもしろかった出来事や，もっともラッキーだったこと，最近の見た夢について話そう，などが考えられます。

　次の例は，プロジェクトや創造的な活動を含むタスク例です。

Example 8
　写真（絵）の女の子に名前をつけ，どのような女の子か自由に想像し，年齢，性格や趣味，好き嫌い，できることなど，を話し合って決めよう。

　プロジェクトや創造的な活動とは，これまで見てきた要素である，リストアップ，順序づけ，組み合わせ，比較，問題解決など，すべての要素を総合的に含むようなタスクです。最終的な作品やパフォーマンスをクラスで発表することが成果となります。他にも，4枚の写真（絵）を見てストーリーを作る，部屋を片付けない子どもと親の会話を作るなどが考えられます。また，「修学旅行の思い出についてのクラス新聞をつくろう」など，p.161で見たプロジェクト活動も，準備をせずに行えば，タスクとなります。

6.3 焦点化されたタスクを考えよう

■ 焦点化されたタスクとは

　ここまでに見たタスクは，英語での自然なコミュニケーションを促すことが目的であり，とくに，特定の文法を使用させることを意図していません。しかし，タスクは，特定の文法を使用する必然性の程度に応じ，「焦点化されていないタスク」と，「焦点化されたタスク」に分けることができます (Ellis, 2013)。

　1) 焦点化されていないタスク（unfocused task）
　2) 焦点化されたタスク（focused task）

　「焦点化されていないタスク」とは，コミュニケーションを促すことを主に意図し，教師は活動中に用いられる文法についてとくに明確な意図をもたずに行うタスクをさし，「焦点化されたタスク」とは，ある特定の文法がコミュニケーションの中で使われるように前もって意図したタスクをさします。両者に共通するのは，意味のやりとりを最優先させることにありますが，後者は特定の文法が使われることを前もって意図している点で異なります。ただし，注意すべき点として，焦点化されたタスクであっても，タスクを行う前に生徒にターゲットとする文法を必ず使うような指示はなされないということがあります。

　では，次の例を見てみましょう。

> ***Example 9***
> 　ALT に近くの観光地を1つ紹介します。グループの中でおすすめの観光地を1つ選んで，その理由も考えましょう。ALT の前で発表してもらいます。

　これは，特定の文法に焦点化されていないタスクです。このタスクにおいて，教師が「景色が美しいと思う場所を1つ選びましょう」のように，条件

を工夫すると,"〜 is more beuatiful than ..."や"〜 is better than ..."のように比較表現を生徒がタスクの中で使う可能性が高まります。

では,さらに具体的に焦点化されたタスクの例をいくつか見てみましょう。まずは,過去進行形の使用を促すタスクの例です。

Example 10

あなたは,日曜日に彼(彼女)と遊園地へ行くデートに30分遅れてしまいました。相手は「何をしてたの?」ととても怒っています。彼(彼女)の怒りを小さくする言い訳をグループで出し合い,もっともよい言い訳を考えましょう。英語による具体的なセリフにして1つ発表してもらいます。

これは,デートに遅れた理由を英語で考えさせるタスクです。最善の言い訳のセリフをグループで1つ考えるという成果を求め,すべて英語での問題解決を促します。必ずしも過去進行形を使う必要はありませんが,例えば,"I was choosing a good sweater for the date."のように過去進行形を使うことができると,デートに遅れてきた言い訳を表現しやすくなります。

次は,不定詞の使用を促すタスクの例です。

Example 11

自分が将来チャレンジしてみたいことを3つ挙げましょう。英語を使ってペアで話し合います。できたリストは後で提出してもらいます。

これは,自分が将来チャレンジしたいことをリストアップさせるタスクです。不定詞を必ずしも使う必要はないかもしれませんが,"I want to 〜."と表現することができれば,より正確に表現できることを指導できます。

次に,関係代名詞の使用を促すタスクを見てみましょう。

Example 12

グループでカードを引いて,カードに書かれた日本文化に関するものを英語で説明します。答えを当てた生徒はそのカードをもらえます。相手に伝わるように説明します。

カードに書かれた内容の例 (1) うちわ,(2) こたつ,(3) 風呂敷,(4) たこ

第6章 タスクを使った文法指導を考える

これは，カードを引いて日本の文化を友達に英語で説明するタスクです。このタスクでは，必ずしも関係代名詞を使う必要はありませんが，"Kotatsu is a table which keeps us warm."のように関係代名詞が使えると，洗練された説明をすることができます。

次は，受動態の使用を促すタスクの例です。

Example 13
　新聞を家から持ってきて，自分が気になる記事をグループのメンバーに説明してみよう。

これは，グループの中で気になる新聞記事を取り上げて説明させるタスクです。受動態を必ず使う必要はありませんが，新聞に書かれている出来事を説明するためには，受動態を使うと説明しやすくなります（例：A new type of cells was discovered by a Japanease researcher.）。

次は，助動詞の使用を促すタスク例です。

Example 14
　次の場面を自由に想像して，グループで英語による会話をつくってみよう。
　（1）ゲームをしたい息子と息子に勉強をさせたい母親の会話
　（2）週末の映画に誘う教師 A と誘われる教師 B との会話
　（3）先生と話をしたい生徒 Ken と ALT の David 先生との会話

これは，登場人物を自由に想像しながら会話をつくるプロジェクト型のタスクです。条件に示された場面に合った会話をつくることがタスクの成果になります。助動詞を必ずしも使う必要性はありませんが，"You must study right now!"のように，コミュニケーションの場面や登場人物の関係に合った助動詞を適切に使えると自然な会話ができます。

焦点化されたタスクの作り方

- [ ] **文法の使用場面と働きを考える**
  まずは、ターゲットの文法がどのような場面で何のために使われるのか考えましょう。本書の第2章「文法指導のための教材研究をしよう」を参考にして、具体的にイメージしてみましょう。

- [ ] **認知プロセスを考える**
  コミュニケーションを促す7つの認知プロセス（p. 206）から、もっとも相性のよいと思われるプロセスを選びます。

- [ ] **タスクの成果を考える**
  どのような状態になれば、タスクが最終的に達成されたと判断するかを具体的に考えます。例えば、グループで解決策を1つ選び理由とともに発表する、などです。

- [ ] **タスクが面白いかを考える**
  生徒の実態を踏まえながら、知的好奇心や発達段階に合ったタスクの内容を考えます。

- [ ] **どのような表現が使われるか考える**
  タスクの中で、どのような文法や表現が使われるのか、どのようなミスが起こりそうか教師は考えておきます。タスク中やタスク後に生徒へのフィードバックを行いやすくなります。

6.4 タスクにおける文法指導を考える

■ タスクにおける文法指導のタイミングを考える

　タスクでは，コミュニケーションを成功させることがもっとも重視されるため，文法的な正確さは二の次になり，必然的に誤りが多いやりとりになります。また，生徒は，伝えたいことが英語で言えたという達成感を味わうこともありますが，逆に，言いたいのに言えなかったり，言えたけれど正確さが十分でないことに気づいたりします。このようなときこそ，文法を学ぶニーズが高まり，文法を指導する絶好のチャンスとなります。

　では，コミュニケーションを中心としたタスクの中で，どのように文法指導を行えばよいのでしょうか。タスクは一般的に，プレ活動，タスク，ポスト活動の3つの段階を踏んで行われます。

　プレ活動では，これから行う活動の説明をしたり，モデルを提示したり，タスクで扱うトピックの背景知識の活性化を行ったりします。この段階では，ターゲットとなる文法の指導は行わず，文法を意識させることなくコミュニケーションに専念させます。

　タスクを行っている最中には，生徒同士のやりとりを遮らずに，これまで習ってきた事柄を駆使して英語でのコミュニケーションをなんとかやり通す体験をさせます。教師は生徒の支援にまわり，必要に応じて適切なフィードバックを行います。生徒の誤りに対して正しい形を示したり，生徒に修正を促したりして，誤りの修正を行います。また，生徒がやりとりしている中で，共通した文法上の問題点がないか観察しておき，ポスト活動で指導を行えるようにしておきます。

　ポスト活動では，タスクの成果をクラスで報告させたり，同じタスクを繰り返したりします。クラスで成果を発表させたり，同じタスクを繰り返すことで，正確な発表を意識させることになり，生徒の意識を文法に向けさせることになります。そして，文法指導として，重要な表現を取り上げて，明示的な文法説明を行います。

　表は，タスクを中心とした授業において，文法指導が可能であるタイミン

表. タスクを中心にした授業構成（●が文法指導の可能性を示す）

段階	内容	教師の役割
プレ活動	○活動説明 ○モデル提示 ○スキーマ活性化	○タスクの内容を説明する ○モデルパフォーマンスを提示する ○タスクで使われる語句やトピックを簡単に喚起する
タスク中	○時間制限 ●活動中の支援 ●言語使用の観察	○タスクに制限時間を設ける ●タスクの最中，適切なフィードバックを行いながら，支援にまわる ●言語運用上共通した問題がないか机間巡視する
ポスト活動	○発表 ●分析活動 ○タスクの繰り返し	○タスクの成果をクラスで報告する。その前に，発表の準備を行う ●タスクで共通した文法ミスや上手く表現できなかったものの説明を行う ○必要に応じて，同じタスクを繰り返す

（松村, 2012；Ellis and Shintani, 2014 を参考にして筆者が表を作成）

グを示したものです。

　生徒の文法的な誤りに対して，教師が何らかの指示を与え誤りに気づかせることをフィードバック（feedback）と呼びます。生徒の誤りにフィードバックを与える場合，不特定の誤りに対して行うのか，特定の誤りに絞ってフィードバックするのか，2つのオプションがあります。ここでは，生徒の意識を特定の誤りに向けて，文法の誤り修正を行わせる焦点化したフィードバック（focused feedback）について考えていくことにしましょう。

　次のセクションでは，1）タスクを行っている最中と，2）ポスト活動，の2つのタイミングにおけるフィードバックの具体例を考えていくことにします。

■ タスクを行っている最中でのフィードバック例

タスクを行っている最中に、生徒が誤って文法を使っていた際の文法指導の例について考えてみましょう。次の例を見てください。

> **Example 15**
> 最近あったラッキーと思える出来事をグループで話そう。後で、最もラッキーな出来事をクラスのみんなの前で発表してもらいます。

このタスクは、最近あったラッキーな出来事をグループの中で話し合わせ、最もラッキーだと思う出来事をクラスの前で発表するというもので、文法の正確さよりもメッセージのやりとりが重視されます。過去の出来事を説明するタスクであるため、例文(1)のような過去時制についての文法上の誤りが生徒のやりとりに多く現れることが予想されます。

(1) We go to Shinjuku yesterday.

このような誤りが見られた場合、タスクの最中には次のようなフィードバックを行うことができます。

> **Example 16**
> 〈タイプ1〉
> 　　S：We go to Shinjuku yesterday.
> 　　T：Oh, you went to Shinjuku yesterday.　←フィードバック
> 〈タイプ2〉
> 　　S：We go to Shinjuku yesterday.
> 　　T：Not we go to, we went to.　←フィードバック

生徒が表現している最中に、文法的な誤りを修正するフィードバックには、〈タイプ1〉のように正しい形を相槌のように間接的に返すものと、〈タイプ2〉のように、正しい形を直接示すものがあります。タスクの最中においては、生徒の発話や活動の流れを中断しないようにするためにも、"Oh, you went to Shinjuku." のように正しい言い方を間接的に伝える方がよいかもしれません。

また、フィードバックには、次のように生徒に修正を求めるものもありま

す。

> **Example 17**
> 〈タイプ3〉
>   S：We go to Shinjuku yesterday.
>   T：We GO to Shinjuku yesterday.　　←フィードバック
>   S：We went to Shinjuku yesterday.
> 〈タイプ4〉
>   S：We go to Shinjuku yesterday.
>   T：What?　　　　　　　　　　　　←フィードバック
>   S：We went to Shinjuku yesterday.

　文法の誤りを強調して示し修正を促す〈タイプ3〉や，聞き返すなどして生徒に誤りの修正を求める〈タイプ4〉があります。これらの修正は自然なやりとりを遮るため，重大な誤り（global errors）に対して行うのがよいでしょう。

　さらに，次のような直接的に生徒に修正を促すフィードバックもあります。

> **Example 18**
> 〈タイプ5〉
>   S：We go to Shinjuku yesterday.
>   T：In the past tense.　　　　　　←フィードバック
>   S：We went to Shinjuku yesterday.
> 〈タイプ6〉
>   S：We go to Shinjuku yesterday.
>   T：We go to Shinjuku. We....　　←フィードバック
>   S：We went to Shinjuku yesterday.

　〈タイプ5〉のように文法用語を使って誤りを知らせたり，〈タイプ6〉のように間違っている部分の直前で止めて修正を促すこともできます。

■ ポスト活動でのフィードバック例

　ポスト活動での文法指導の方法としては，使えると効率よくタスクを行える文法表現を提示したり，タスク中に間違いの多かった文法表現をクラスで共有したりすることがあります。
　ここでは，ライティングを中心としたタスクでの例を見てみましょう。

> *Example 19*
> 　海外から新しくやってきた英語の先生にインタビューをします。インタビューでわかった情報をプロフィールにまとめ，クラス新聞で紹介しよう。
> 　例）出身地，日本での滞在年数，日本での訪問地など

　このタスクは，英語で先生から情報を得て，得た情報を新聞記事としてまとめるプロジェクト型のタスクです。このタスクでは，インタビューの取材で必要な情報を聞き取り，わかった情報を記事の形にすることができるかどうかが重視されます。
　このタスクの内容から考えると，次のような文法上の誤りが生徒が書いた英語に現れることが予想されます。

　　・He lived in Japan for two year.

　日本での滞在年数を英語で表現したいときには，現在完了形の「He has ＋ 過去分詞」の形を使うと正確に表現することができることを，クラス全体へのフィードバックや個別の生徒の作品に対するフィードバックで示すことが考えられます。
　生徒が書いた英語表現に対するフィードバックの与え方には，次の Example 20 に見るように，いくつかのタイプが考えられます。〈タイプ1〉は，誤りがあることを下線などのマークで知らせるのみで，正しい形までは教えない間接的なフィードバックです。〈タイプ2〉は，誤りを訂正して正しい形を教える直接的なフィードバックであり，〈タイプ3〉は，文法用語を使って誤っているところを教えるメタ言語的なフィードバックです。
　英語が得意な生徒の場合，間接的なフィードバックで対応できますが，英語が苦手な生徒の場合，直接的なフィードバックでないと修正することがで

Example 20
　〈タイプ1〉

　　He ∧ lived in Japan for two <u>year</u>.

　〈タイプ2〉

　　　　has　　　　　　　years
　　He ∧ lived in Japan for two ~~year~~.

　〈タイプ3〉

　　　現在完了　　　　　複数形
　　He ∧ lived in Japan for two year.

きないことが多いようです。生徒の文法知識の状態や生徒の学習スタイルなど生徒の実態に合わせて，どのタイプのフィードバックを与えるかを考えて使い分けましょう。

　また，Example 19 のような，新聞記事として最終的な成果を提出させるようなタスクの場合，次の例のように，生徒にフィードバックした後，生徒自身に修正させて書き直しを求めるということも必要になってきます。

Example 21
　〈タイプ4〉

　　元の原稿：

　　　He lived in Japan for two year.

　　教師からの修正フィードバック：

　　　　　has　　　　　　　years
　　　He ∧ lived in Japan for two ~~year~~.

　　生徒による誤り修正：

　　　He has lived in Japan for two years.

■　クラス全体で文法を確認するとき
　タスクを実施している最中に，多くの生徒に共通して見られる文法のミスがある場合，タスクを終えてから，クラス全体で教師が指導することが必要になることがあります。どのように指示をすればよいか，次の例で考えてみましょう。

> ***Example 22***
> 　もしもあなたが校長先生だったら，何をしたいか3つ挙げてみましょう。グループで話し合って，リストアップしてみましょう。

　これのようなメッセージを重視したタスクでは，次のような生徒同士のやりとりを予想できます。

　　A：What do you think?
　　B：Well I will change our school uniform. How about you?
　　A：If I am a principal, I will give students more holidays.
　　B：That's a good idea.
　　A：…

　仮定法過去を使うと取り組みやすくなるタスクですが，実際には，仮定法過去を正確に使えない生徒が多く出てくることが予想できます。そこで，共通して見られる文法の誤りを，ポスト活動の中で，注目させたい文法として取り上げます。なお，仮定法過去をすでに習っている生徒を想定しています。
　まず，「もし私が校長先生だったら，制服を変えます」という具体的な文を取り上げ，どのようなミスが多かったか例を掲示しています。次に，どのように表現すればよかったかを生徒に尋ね，正しい答えを生徒から引き出していきます。生徒から正しい答えが出ればそれを板書しますが，もし生徒から正しい答えが出てこないようであれば，教師が提示します。そして，なぜこの場合には，現在形ではなく過去形にするのか，どのようにニュアンスが異なるかを伝えながら，仮定法の形式にする理由を簡潔に説明します。
　生徒がコミュニケーションを行う中で，自分の文法知識にギャップや限界を感じたその時にフィードバックを与えることが，文法指導がもっとも効果

的であると考えられます。使いながら学ぶというタスクに基づく指導の理念もここにあります。

> **Example 23**
> ● 今日のタスクでは，みなさんが校長先生だったら何をしたいかを3つ挙げる活動をしてもらいました。とてもがんばってましたね。
> ● では，今日の会話の中でミスが多かった表現についてみんなで確認してみましょう。
> ● 「もし私が校長先生だったら，制服を変えます」と言いたいとき何と言えばいいでしょうか。
> ○ 〈生徒から出てきた共通して見られる誤りを次のように板書する〉
>
> > If I am a principal, I will change our school uniform.
>
> ● 言いたいことは分かりますが，正確には表現できていません。どこに誤りがあるかわかる人いますか？
> ○ 動詞を過去形にしていない。
> ● なぜ過去形にするのでしょう？
> ○ 事実とは異なることを表現するから
> ● そうでしたよね。〈次のように板書する〉
>
> > If I was a principal, I would change our school uniform.
>
> ● 「もし〜ならば，〜するだろうな」のように現実とは異なることを話し手が想像しながら言うときにはこのように，仮定法過去を使うのでしたね。現実とは違うことがらなのに，現在形を使って表現してしまうと，あり得ないことを現実にあるかのように表現することになり，変な感じを与えることになります。
> ● リピートしてみましょう。

タスクではこう言ったけれども，正確にはどのように言えばよいのか，もっと良い表現はなかったのだろうかと生徒が思ったその時に与えられたヒントは，生徒の記憶に残りやすいものです。指導するのにもっとも適した時を見つけて，適切なフィードバックを与えることができるかどうかは，使いながら学ぶタスクにおける文法指導での重要なポイントです。

Q & A BOX

Q. タスクをしている最中の生徒のやりとりで，どんな文法的な誤りがあるのかを知る方法はありますか？

A. 口頭でタスクを行った後に，「今日使った表現を再現してみましょう」とタスクで使った表現を書かせてみてはどうでしょうか。タスクの最中には誤った文法で表現していたけれど，書かせてみると誤りに気づいて自分で修正できる生徒もいます。生徒が自分で修正できないものについては，教師が机間巡視しながら，修正していくとよいでしょう。内容のよいものに対しては，後でクラス全体で取り上げて褒め，ポジティブフィードバックを返すことも可能です。ただし，すべてを完璧に修正しようとすると教師は大変ですので，どのような視点で生徒の表現をチェックするかを教師はあらかじめ決めておくとよいでしょう。

6.4 タスクにおける文法指導を考える

Q & A BOX

Q. 生徒の文法の誤りを修正し始めると，誤りが多すぎてきりがありません。どうすればよいですか？

A. 生徒の文法の誤りを効果的に修正するためには，様々なポイントがあります。第1に，どのような誤りなのか誤りの程度を考えてみる必要があります。誤りの程度に応じて，重大な誤り（global errors）と局所的な誤り（local errors）に分けられます。全体的な誤りは，主語と動詞と目的語の語順の誤りのようなコミュニケーションに支障が出てくるような誤りをさし，局所的な誤りは，三人称単数現在のsのようなコミュニケーションのやりとりには支障はきたさない誤りをさします。効果的に誤りを修正するには，重大さの程度を見極めて，修正する項目を選ぶとよいでしょう。

第2に，生徒の文法知識の状態を考えてみる必要もあるかもしれません。生徒の誤りの原因は，次のように様々なものが考えられます。1) たまたま言い損なったもの，2) 文法規則が十分に自動化されていないもの，3) 文法規則は理解していてもはっきりと覚えていないもの，4) 文法規則が未習のもの，です。生徒の誤りには，たまたま言い損なっただけで，自分で修正することができるものから，まだ学習されておらず，フィードバックを与えても簡単には修正できないものまであります。ですから，生徒の知識の状態を見極めながら，何に対してフィードバックを与えるかを選択する必要があるでしょう。

第3に，文法的な誤りを誰が修正するのかということも教師の負担を軽減するためには重要です。教師が修正する以外にも，生徒自身に修正させたり，その他の生徒に誤りを指摘させることも可能です。誤りの程度や原因に応じて，生徒自身に修正させるべきか，教師が修正すべきかを慎重に決める必要もあります。また，ALTがいる場合には，このようなミスを中心に修正をしてほしいとフィードバックに関するこちら側の意図をしっかりと伝えたうえで，フィードバックをお願いするのも1つです。

第6章　タスクを使った文法指導を考える

〈英語教育コラム⑥〉
Dual mode systemとTrade-off

Dual mode systemとは
　学習者がもつ言語知識は，知識を活用する際の学習者の意識（awareness）の違いから見て，明示的知識（explicit knowledge）と暗示的知識（implicit knowledge）に分けられる。明示的知識は，計画的かつ意識的に活用される知識であり，暗示的知識は，直観的かつ無意識的に活用される知識である（Ellis, 2008）。

　私たちの日常会話では，ほとんどの場合瞬時の言語処理が求められ，暗示的知識に基づく処理が行われていると言われる（Ellis, 2008）。この暗示的知識は，次の2種類から成るとされる（Skehan, 1998）。規則基盤知識（rule-based knowledge）と事例基盤知識（exemplar-based knowledge）である。前者は，文法規則をもとに分析的に発話が創り出されるのに対し，後者は，"Do you have any ～?"のように，分析されることなく1つの固まりとして記憶され表出される。

　前者の規則基盤知識を使った発話は，1つひとつの規則を適応させるために学習者の処理負担が大きいのに対して，後者の事例基盤知識を使った発話では，分析的な処理を伴わず負担が小さい。この2つのタイプの知識は，瞬時の処理を求められる言語運用においてつねに相補的に活用され，二重様式体系（dual mode system）と呼ばれる（Skehan, 1998）。

　二重様式体系に基づく言語使用を幾度となく繰り返す中で，規則基盤知識と事例基盤知識が相互に影響を与えながら，言語習得が進んでいくものと考えられる。

Trade-offとは
　第二言語習得理論研究において，学習者の言語使用は，一般的に，正確さ（accuracy），流暢さ（fluency），複雑さ（complexity）の3つの指標で測定される。正確さは，文法的な誤りのない正確な言語使用を指し，流暢さは，言い淀みのない滑らかな言語使用を指す。複雑さは，より洗練された表現を目指して

多様な文法を使おうとする試みを指す。言語使用の中で流暢さに学習者の意識が向けられると、正確さや複雑さが劣るようになり、正確さや複雑さが重視されると、流暢さが劣る傾向にある。このような競合的な関係は、トレードオフ（trade-off）の関係と呼ばれ、学習者の作動記憶（working memory）の中で処理できる容量に限界があることが要因とされる（Skehan, 1998）。

文法指導への示唆

　これらの言語使用における二重様式体系とトレードオフ関係という概念は、文法指導にどのような示唆があるであろうか。とくに、瞬時に言語処理をもとめるような言語活動において、この2つは有益な概念であると考えられる。

　まず、言語知識の二重様式体系から推測できることは、瞬間的な処理を求める自由度のある活動では、学習者は負荷のかかる規則基盤知識よりも負荷の小さい事例基盤知識に依存する可能性があるということである。学習者は決まったフレーズを繰り返すことになりかねず、意識的に規則に関する指導をする必要がある。また、活動では規則を創造的に活用すると同時に、表現を丸ごと覚えて活用することも効率的であることを念頭に置く必要もある。

　次に、トレードオフ関係について言えることは、とくに、即興的なスピーキング活動においては流暢さが求められるため、必然的に正確さと複雑さは犠牲になる傾向がある。逆に、活動の中で正確さと複雑さを学習者に求めすぎると、流暢さが犠牲になる。活動前の準備の有無、活動の複雑さ、時間制限の有無などの要素が言語使用の質に大きく影響を与える可能性がある。

　このように、コミュニカティブで瞬時の言語使用を生徒に求める場合、上記の2つの概念を教師として知っておく必要がある。

◆参考文献

Ellis, R. (2008). *The Study of Second Language Acquisition* (2nd ed.). Oxford: Oxford University Press.

Skehan, P. (1998). *A Cognitive Approach to Language Learning.* Oxford: Oxford University Press.

コミュニケーションのための文法をテストする

▼

7.0 コミュニケーションのための文法テストとは 228
▼
7.1 選択式テストの具体例 234
▼
7.2 記述式テストの具体例 236
▼
7.3 記述式テストの採点例 238
▼
7.4 パフォーマンステストの具体例 242

7.0 コミュニケーションのための文法テストとは

■ 文法テストづくりに関する問題点

　ここまで，コミュニケーションを支える文法をどのように指導するかということを中心に見てきました。文法指導の結果，生徒がどれだけ指導したことを身につけたか，あるいは，文法指導がどれだけ効果的であったかを確かめることも重要です。本章では，コミュニケーションを支える文法のテストづくりについて考えることにします。まず，これまでの文法テストにおける問題を考えてみることにしましょう。

　文法テストにおいてよく見られるテスト問題を考えてみます。次の例は，過去進行形についてのテスト問題です。

> **Example 1**
> 　次の英文の空欄に適切な語を入れなさい。
> 　私たちは英語を勉強しているところでした。We (　　) (　　) English.

　これは，過去進行形の文の空欄に，主語に合わせて be 動詞の過去形（were）を入れ，過去進行形の動詞の ing 形（studying）を書かせる空所補充の問題です。このテスト問題で見たいのは，与えられた意味に合わせて正しい形を入れことができるかということにあります。

　では，次の具体例を見てみましょう。

> **Example 2**
> 　日本語に合うように（　）内の語句を並べかえよ。
> 　彼らは人形を作っているところでした。(were / a doll / they / making)

　これは，過去進行形を含む文を与えられた意味に合うように語句を並べ替える並べ替え問題です。このテストで見たいのは，ターゲットの文法を含む文を正しい語順で作ることができるかということです。

次のタイプの問題もよく見かけます。

> **Example 3**
> 次の文を疑問文と否定文にしなさい。　She was taking a bath.
> 疑問文　（　　　　　　　　　　　　　　　）
> 否定文　（　　　　　　　　　　　　　　　）

　これは，過去進行形の平叙文を疑問文と否定文に形を変換させる形式変換問題です。与えられた文の形式を指示に合わせて変換させることができるかを見ています。
　もう1つの例を見てみましょう。

> **Example 4**
> 次の日本語を英語に直しなさい。
> 　私はサッカーをしているところでした。
> 　（　　　　　　　　　　　　　　　　　　　　　）

　これは，過去進行形の平叙文を与えられた日本語に合うように正しく表出できるかどうかを確認する和文英訳問題です。
　いずれのテスト問題も，定期テストでよく見かける形式です。これらのテスト問題は，文法の形式と意味を生徒が理解し記憶しているかどうかをみる問題です。テストの目的が，文法の形式と意味を理解し記憶しているかどうかを測るためであればこれでよいでしょう。しかし，問題点は，このようなタイプの問題のみをテストで出題し続けていると，文法指導の授業は自ずとこのタイプの練習のみを行う授業になる可能性があるということです。生徒の方も，テストでは文法知識を活用するテスト問題は出題されないと感じ，文法を活用させる活動に真剣に取り組む姿勢が育ちにくくなります。これらの形式の問題がいけないのではなく，これらの形式しか出題しない文法テストに問題があります。英語教育の目的が，コミュニケーションの中で文法を活用する力を育成することにあるのであれば，コミュニケーションの場面での言語使用を念頭においたテスト問題を考える必要があります。

第7章　コミュニケーションのための文法をテストする

■ 文法テストのテスティングポイントを明確にしよう

　よりよい文法テストを考えるためには，まず，テストでどのような力を測りたいのかというテスティングポイントが明確になっているかどうかが重要になってきます。文法テストは，指導目標とどのように関係し，何を評価すべきであるか再度考えてみましょう。

　第3章では，知識と技能としての文法という観点で文法指導を行うことを見ました。文法テストにおいても，この「知識としての文法」と「技能としての文法」をコミュニケーションの中で使いこなせるかどうかを評価することがポイントになります。次の表1は，文法指導における指導目標と評価ポイントをまとめたものです。

表1．文法指導における指導目標と評価のポイント

領域	指導目標	評価のポイント
知識	習った文法が，どのような意味で，どのように形作られ，どのような場面で使われるか理解する	ターゲットの文法の形式・意味・機能を理解しているかどうか
技能	習った文法を使って，メッセージを理解したり表現したりしてうまくコミュニケーションできる	ターゲットの文法を使ってコミュニケーションの目的を達成できるかどうか

　「知識としての文法」を身につけるとは，習った文法が，どのような意味で，どのように形作られ，どのような場面で使われるか理解することを意味します。したがって，ターゲットとする文法の形，意味，機能を生徒が理解しているかどうかを評価することになります。

　「技能としての文法」を身につけるとは，習った文法を使って，メッセージを理解したり表現したりしてうまくコミュニケーションできるようになることを意味します。したがって，生徒がターゲットの文法を使ってコミュニケーションの場面で目的を達成することができるかどうかを評価することになります。

　このことを，過去進行形のテスティングポイントを例に具体的に考えてみましょう。Example 5を見てください。過去進行形を知識として身につける

> **Example 5**
> （知識）○「主語+be動詞の過去形+動詞のing形」の形で「〜していた最中だった」の意味を表し，過去のある時点でしいる最中であったことを説明できることを理解しているかどうか
> （技能）○会話を聞いて，誰が何をしているところであったか過去のある時点での様子を正しく理解することができるかどうか
> ○過去進行形を使って，自分（他者）が過去のある時点でしている最中だったことを正しく伝えることができるかどうか

とは，「主語+be動詞の過去形+動詞のing形」の形で「〜していた最中だった」の意味を表し，過去のある時点でしている最中であったことを説明できることを理解しているかどうかを評価することになります。また，過去進行形を技能として身につけるとは，会話を聞いて誰が何をしているところであったか過去のある時点での様子を正しく理解することができる，あるいは，過去進行形を使って，自分（他者）が過去のある時点でしている最中だったことを正しく伝えることができることを評価することになります。

　先に見たExample 1からExample 4までのテスト形式だけをテストで出題していたのでは，どのような場面で使われるのかを理解して，実際のコミュニケーションの場面で使いこなせるかどうかをみることは難しいことがわかります。コミュニケーションで必要となる文法をテストするには，文法の形式（form）と意味（meaning）の側面だけを測るテスト形式だけではなく，文法の使用（use）の側面を含めて測定できるテスト形式も出題することが必要となってきます。

　では，コミュニケーションのための文法テストとは，具体的にどのようなものが可能なのでしょうか。テスト例を具体的に見る前に，言語使用における文法の力を測るための3つのテスト形式について見てみることにします。

■ 文法テストをつくる3つのテスト形式

　言語使用における文法の力を測定するテスト形式には，一般的に，次の3つがあるとされています（Purpura, 2004 を参考）。

1）選択式テスト（selected-response）

　選択式テストとは，与えられた複数の選択肢から正解を選ぶ形のものであり，多肢選択，正誤問題，識別問題，文法性判断テストなどがあります。選択式テストは，答えとなる選択肢が与えられているため，正解しても本当に理解しているかどうかが不確かな側面がある一方で，誰が採点しても同じ結果が得られる客観的な採点ができるという特徴があります。

2）記述式テスト（limited-production）

　記述式テストには，語句や短文レベルで言語表出を要求するものから，談話レベルでの言語表出を要求するものまであります。語句や短文レベルの制限的な表出を要求する記述式テストには，空所補充や和文英訳，短文で答える記述テストなどがあり，談話レベルでの言語表出を要求する記述式テストには，談話完成問題などがあります。記述式テストは，生徒が自由に答えを記述するため，生徒の独創性をみることができる一方で，とくに談話レベルでの記述問題は客観的な採点が難しいという特徴があります。

3）パフォーマンステスト（extended-production/peformance-based）

　パフォーマンステストとは，自然な文脈において知識や技能を実際に活用させるテストをさします。要約や作文を書かせたり，インタビュー，ロールプレイ，スピーチなどをさせたり，問題解決や意思決定などの課題を与えてプレゼンテーションをさせたりします。パフォーマンステストは，生徒の知識や技能を実際のコミュニケーションの中で総合的に運用できるかどうかを測ることができる一方で，実施に時間がかかったり，採点が主観的になったりする特徴があります。

　これらのテスト形式には，それぞれに特徴があります。生徒の文法知識を特定して測定したい場合には，選択式や記述式テストを用い，実際に言語運用ができるかどうかを見たい場合にはパフォーマンステストを用いるというように，目的に応じて使い分ける必要があります。

文法テストにおける3つの形式

- **選択式テスト**
  - ☐ 多肢選択　例）選択肢の中からもっとも適切なものを選びなさい。
  - ☐ 正誤問題　例）正しい文には○を誤っている文には×をつけなさい。
  - ☐ 識別問題　例）聞き取った内容に合っている絵を1つ選びなさい。
  - ☐ 文法性判断　例）次の文のうち正しいものを1つ選びなさい。

- **記述式テスト**
  - ☐ 空所補充　例）次の英文中の空所を適切な語で埋めなさい。
  - ☐ 和文英訳　例）次の日本語を英語にしなさい。
  - ☐ 短答問題　例）次の質問に英語で答えなさい。
  - ☐ 談話完成　例）次の会話が自然な流れになるように会話を完成させなさい。

- **パフォーマンステスト**
  - ☐ 要約・作文　例）○○を紹介する文を5文以上で書きなさい。
  - ☐ インタビュー
    　　　　　　例）○○に関する問いに答えなさい。
  - ☐ ロールプレイ
    　　　　　　例）あなたは○○です。英語で○○してみよう。
  - ☐ スピーチ　例）「○○」というテーマで3分間話しなさい。
  - ☐ インフォメーションギャップ
    　　　　　　例）○○についてペアで情報交換しましょう。
  - ☐ 問題解決　例）○○の問題に対する解決策を考えて述べなさい。
  - ☐ 意思決定　例）○○のうち1つに決め，その理由とともに考えを述べなさい。

(Purpura, 2004 を参考に筆者が作成した)

では次のセクションからは，これらのテスト形式ごとに，コミュニケーションを支える文法のテストを具体的に見ていくことにしましょう。

7.1 選択式テストの具体例

　選択式テストであっても，コミュニケーションで役立つ文法の力をみるテストを作ることができます。文法の形式や意味だけでなく，使用の側面を含めて測定するにはどのような工夫ができるでしょうか。ここでは，1) 場面や文脈を示す，2) 会話文を活用する，を見てみましょう。

(1) 場面や文脈を示す

　場面や文脈をテストの中で提示することで，文脈の中で文法の働きを理解しているかどうかを確認する問題ができます。次の例を見てみましょう。

Example 6

　次のような場面で使う表現としてもっとも適切なものに○をしなさい。

(1) パーティーに着いたときの状況を説明したい
　　a) Everyone danced.　　　b) Everyone was dancing.
(2) 亡くなったおじいさんがどんな人だったか説明したい
　　a) He talked a lot.　　　b) He was talking a lot.
(3) 以前からの予定で今夜はパーティーに行かないよと言いたい。
　　a) I won't come to the party.　　b) I'm not going to come to the party.
(4) 電話が鳴った。私が出ると伝えたいとき。
　　a) I'll answer it.　　　b) I'm going to answer it.

　　　　　　　　　　　　　　答え：(1) b, (2) a, (3) b, (4) a

---

　(1)と(2)は，過去進行形と過去形がそれぞれどのような場面で使われるかを理解したうえで，正しい選択肢を選ぶことができるかをみるテストです。(3)と(4)は，未来表現の"be going to"と"will"の使い分けを理解しているかどうかをみるテストです。生徒にとって身近な場面や文脈を提示すると，文法形式の理解を単純にテストするのではなく，コミュニケーションの中での文法の働きを理解しているかどうかをテストすることができます。ここでは，

テストの目的を示すために選択肢を 2 つにしていますが，実際のテストでは 4 つくらいにします。

(2) 会話文を活用する

会話文を活用することで，選択式テストであっても文法の働きを意識させることができます。次の例を見てみましょう。

Example 7

文脈から判断して，空欄に入るもっとも適切な語（句）や文を選択肢の中から 1 つ選びなさい。

(1) A : Where is David?
　　B : He is over there.　Can you see the boy with the red cap?
　　A : Is he the one under the tree?
　　B : No. He (　　) tennis with a girl.
　　　　1. plays　2. is playing　3. will play　4. has played

(2) A : What's wrong?
　　B : I got this CD player from Ken but it's not working.
　　A : Let me see....(　　)
　　　　1. Ken broke this CD player.　　2. I broke this CD player.
　　　　3. Ken is breaking this CD player.　4. This CD player is broken.

答え：(1) 2, (2) 4

---

(1)は会話の内容に合わせて現在進行形を選ぶことができるかどうかを見るテストであり，(2)は受動態と能動態の使い分けができるかどうかをみるテストです。

会話文を活用したテストでは，ターゲットの文法の文脈内での働きを理解しているかどうかをみることがテスティングポイントであるため，会話文はできるだけシンプルな英語にしておく必要があります。

7.2 記述式テストの具体例

次に,コミュニケーションで役立つ文法の力をみる記述式テストの具体例を見てみましょう。文法の形式・意味・使用の側面を測るテストにするための工夫として,ここでは,1) 場面や文脈を示す,2) 会話文を活用する,3) イラストを活用する,を見てみます。

(1) 場面や文脈を示す

まずは,場面や文脈を示したテスト例を見てみましょう。

Example 8

次の英文を聞いて,問いに英語で答えなさい。

Mr. Sato came from Kumamoto. But he has lived in Osaka for 20 years. So he can speak good Kansai-ben now.

問. 佐藤先生は,関西弁が上手ですが,その理由はなぜでしょう。
聞き取った内容から判断し,日本語で答えなさい。

このテストの目的は,談話の中で使われている現在完了形を含む文の意味や働きを正しく理解できているかどうかをみることにあります。

同じく,場面を示す別の例を見てみましょう。

Example 9

夕食前にテレビを見ていると,お母さんから学校の宿題をしなさいと言われました。「宿題をしなくっちゃ」という心のつぶやきを英語にしなさい。

これは,母親から学校の宿題をするように促されている文脈が与えられた中で,"have to" を使って文をつくるという記述問題です。このように,テスト問題の中であっても,場面や文脈を示すことで,文法の働きを生徒に意識させることができます。

(2) 会話文を活用する

次に，会話文を活用したテスト例を見てみましょう。

Example 10

Mary と Tom の 2 人の会話が自然な流れになるように英語で完成させなさい。ただし，必ず 1 回は過去進行形を使うこと。

Mary：What were you doing? It's too late!
Tom： Sorry, (   )
Mary：(   )
Tom： (   )

これは，与えられた場面を正しく把握した上で，過去進行形を適切に使うことができるかどうかをみる談話完成問題です。会話文を活用することで，自然な流れの中で文法を使えるかどうかをみることができます。

(3) イラストを活用する

次に，イラストを活用したテスト例を見てみましょう。

Example 11

あなたは Ken 君の家族をビデオで撮影中です。家族がそれぞれ何をしているところか，ビデオのナレーションを英語で入れてみましょう。

It's Sunday afternoon now.　…

これは，現在進行形の働きの理解をみる問題です。イラストを活用することで，文法の形式だけではなく，コミュニケーションに近い形で文法の意味や働きを生徒が理解して使いこなすことができるかどうかをみることができます。

7.3 記述式テストの採点例

　コミュニケーションのための文法テストの中でも，とくに，自由度のある記述式テストの場合は，生徒からの様々な答えが出てくることがあるため，どのように採点すればよいか迷うことがあります。採点をする上で大切なのは，文脈に合った文法の形を正しく選択できているかどうかをみることです。

　それでは，文レベルの記述式テストとディスコースレベルの記述式テストでの採点例を見てみましょう。

(1) 文レベルの記述式テスト

　まずは，次の文レベルの記述式テストでの採点例を考えてみましょう。

Example 12

　［　］内の日本語を英語にしましょう。
　I got a letter from China, but I can't read it because［それは中国語で書かれている］．

　この問題は，文脈に合わせて受け身を使って答える記述式テストです。ここでは，次の例のように，2点満点での採点を考えてみます。

Example 13

　解答例　　It is written in Chinese.
　2点：　　文法やつづりが正しい。
　1点：　　つづりなどに誤りがあるが，おおむね正しい。
　　　　　例）　It is writen in Chinese.
　0点：　　文法に大きな誤りがある。
　　　　　例）　It writes Chinese. / It is written by Chinese.

　どのような場合に部分点である1点を与えるかについては，教師がテストで何をみるかによって異なるため，採点の前に検討しておく必要があります。

(2) ディスコースレベルの記述式テスト

では，さらに自由度のあるディスコースレベルの記述式テストの場合はどうでしょうか。次の具体例をもとに考えてみましょう。

> **Example 14**
> あなたが Mary 先生に山梨についてインタビューをしています。現在完了形 "Have you 〜?" を使って，インタビューの質問と答えを，次の条件で作りましょう。
>
> > 条件1：3種類以上の動詞を使いなさい。
> > 条件2：文と文のつながりを考えて自然な会話をつくりなさい。
>
> You： _____
> Mary： _____
> You： _____
> Mary： _____

この問題は，相手の経験について尋ねる会話の形で，現在完了形を正しく使って受け答えする文をつくることができるかどうかをみています。このように，表現内容に自由度のある表現問題を出す場合，採点規準を設けておく必要があります。ターゲットとする文法は理解して書けているが，内容が不適切であったり，スペルミスがあったりした場合，部分点をどのように与えるかということをテストづくりのときに前もって考えておきます。

Example 14 の問題を6点満点とした場合，どのように採点ができるでしょうか。いくつかの解答例をもとに考えてみましょう。

(例1)　　You： Have you ever eaten Houtou?
　　　　　Mary：No. I have never eaten Houtou.
　　　　　You： Really? Have you ever heard of it?
　　　　　Mary：Yes. I have heard of it. But I have never seen it.

第7章　コミュニケーションのための文法をテストする

この生徒は，"eaten","heard","seen"の3つの異なる動詞を使って現在完了形で表現しており，チャレンジしていることがわかります。過去分詞も正確に適切に使われています。会話の内容も自然な流れになっています。

次の例2はどうでしょうか。

(例2)　　You： Have you ever visited Takeda Shrine?
　　　　　Mary：Yes, I have.
　　　　　You： Have you ever visited Kiyosato?
　　　　　Mary：No, I haven't.

この生徒の会話は，現在完了形の疑問文を正しく使っています。しかし，"Have you ever 〜?"の疑問文を同じ動詞を使って会話をつくっています。例1の回答とくらべ，会話の流れは単調になっています。次の例を見ましょう。

(例3)　　You： Have you visit Takeda Shrine?
　　　　　Mary：Yes.
　　　　　You： Have you visit Kiyosato?
　　　　　Mary：No.
　　　　　You： Kiyosato is good.

この生徒は，現在完了形の過去分詞が正しく使えていません。会話をつなぐことはできていますが，比較的単調なものになっています。

これらの採点では，次の3つの規準を設けて採点することが考えられます。

Example 15

	A	B	C
(1) 3種類以上の動詞を使っているか	2点	1点	0点
(2) ターゲットの文法が正しく使われているか	2点	1点	0点
(3) 自然な会話の流れになっているか	2点	1点	0点
	合計6点満点		

先ほどの例1から例3の会話を採点すると，次のようになります。例1の生徒は，(1)2点，(2)2点，(3)2点で，合計6点，例2の生徒は(1)1点，(2)2点，(3)1点で合計4点，例3の生徒は(1)1点，(2)0点，(3)1点で合計2点となります。

7.3 記述式テストの採点例

Q & A BOX

Q. コミュニカティブなテストとは何ですか？テスト作成でどのようなことに注意すればよいでしょうか。

A. コミュニカティブなテストとは，コミュニケーションに近い形の中で言語を使用することができるかどうかを測るテストです。そのためコミュニカティブなテストにはいくつかの特徴があります。

　1つ目の特徴としては，テストの中でコミュニケーションが行われる自然な場面が与えられているということです。なんの場面設定もなく，文脈から切り離された形で文法が提示されているテストは，コミュニカティブとは言えません。コミュニカティブテストは，場面や状況などが与えられる中で，メッセージを理解するように求めたり，メッセージを表現するように求めたりします。とくに，文法テストにおいては，与えられた文脈の中で，文法の意味や働きを正しく捉えて，メッセージを理解したり表現したりさせます。

　コミュニカティブなテストのもう1つの特徴は，とくに，表現を求める記述式テストの場合，答えが必ずしも1つとは限らず，生徒の答えが自由な部分があり，様々な答えが出てくることです。生徒の経験や考えをもとに，習った文法を使って表現する部分が出てきます。解答に自由度があるコミュニカティブなテストの場合，さまざまな答えが出てくる可能性があるため，何を測りたいのか採点規準を前もって決めておき採点にあたることが重要です。

　コミュニケーション能力の育成を目標とするならば，コミュニカティブなテストの活用は必須であると言えるでしょう。

第7章　コミュニケーションのための文法をテストする

7.4 パフォーマンステストの具体例

　パフォーマンステストとは，実際のコミュニケーションに近い形で言語を使うことができるかを評価するテストです。右の例のように，第6章で見たタスクのアイデアも活用しながら，さまざまなテストを作ることができます。パフォーマンステストでは，「知識としての文法」ではなく，コミュニケーションを支える「技能としての文法」を評価することができます。

　ここでは，コミュニケーション能力という概念を用いて評価の観点を考えてみましょう。コミュニケーション能力は，文法能力，談話能力，社会言語能力，方略能力の4つの要素で構成されるとされます（Canale, 1983）。

〈コミュニケーション能力の下位要素〉

1) 文法能力（grammatical competence）
2) 談話能力（discourse competence）
3) 社会言語能力（sociolinguistic competence）
4) 方略能力（strategic competence）

　文法能力とは，語彙，文法，音声，文字などの言語構造を使いこなす能力をさし，生徒の表現がどれくらい正確であるかを見ることで測定できます。談話能力とは，まとまりのある文章や対話を理解したり，文と文のつながりを意識してまとまりのある文章で自分の考えや意見を表現したりする力をさします。社会言語能力とは，言語が使われている状況や相手に応じて適切に言語を使用する力をさします。方略能力とは，不足している知識や力を補ってコミュニケーションを円滑に進める力をさし，タスクが達成できたかどうかや制限時間にどれくらい表現できたかで測ることができます。

　これらの4つの要素をバランスよく育成することが，豊かなコミュニケーション能力を育成することにつながるものと考えられます。

パフォーマンステストの例

- □ 要約・作文
  〈例〉 7月に帰国するALTの先生にお礼の手紙を書きなさい。
  〈例〉 あなたの県の良さを紹介する文を書きなさい。

- □ 会話・インタビュー
  〈例〉 次の質問に対するあなた自身の考えを英語で答えなさい。
  1) Which season do you like best?
  2) Why do you like that season?

- □ ロールプレイ
  〈例〉 初めて会った人に，あなたの魅力が伝わるように自己紹介をしましょう。
  〈例〉 次の日曜日10時からの映画にALTのKen先生を誘うように会話をしよう。

- □ スピーチ
  〈例〉 「私が尊敬する人」について3分でスピーチしなさい。
  〈例〉 「私が行きたい国」について2分でスピーチしなさい。

- □ インフォメーションギャップ
  〈例〉 ペアになって，お互いの好きな教科と嫌いな教科，その理由を尋ね合い会話をしましょう。

- □ 問題解決
  〈例〉 ALTのJohn先生が隣の部屋の騒音で困っています。アドバイスをしてみましょう。

- □ 意思決定
  〈例〉 修学旅行の3つの行き先のうち，1つに決めなさい。理由も述べなさい。

では，スピーキングとライティングに分けてパフォーマンステストの例を見てみましょう。

(1) スピーキングテストの場合

ここでは，文法に焦点化されていないスピーキングテストにおいて，生徒の文法をどのように評価できるかを考えてみます。

次の具体例をもとに，評価の方法を考えてみましょう。

Example 16

先生から示されたものの中から1つを選び，日本の文化にまだ詳しくないJohn先生に説明する目的で，英語で説明しなさい。

テストカード

① お年玉　　② 初詣で　　③ 年越しそば

このテストは，日本の文化を外国人の先生に英語で説明するというものです。一般的に，このようなテストにおいて，生徒の発話に対する評価規準は次の3つのものが考えられます。

1) タスク目的の達成度
2) 文法的な正確さ
3) 説明のスムーズさ

第1の評価規準では，テストカードで示された日本文化がどのようなものであるのかを，外国人であるALTの先生がわかるように具体的に説明できたかどうかを評価することになります。第2の評価規準では，文法や語彙を正しく使って説明できているかどうかを評価することになります。第3の評価規準では，制限時間をフルに活用し，説明をスムーズに行うことができるかどうかを評価することになります。

表2．評価規準（基準）

	A　Excellent	B　Average	C　Poor
1．相手にどのようなものなのかを具体的に伝えることができる	相手にいつどこで誰がどのような目的で行うものか具体的に伝えることができる	ある程度，どのようなものかを伝えることができる	どのようなものかを十分に伝えることができない
2．正しい表現を使って説明することができる	語彙や文法について正しい表現を使って説明することができる	だいたい意味が伝わる程度で，語彙や文法を用いて説明することができる	語彙や文法が不完全で，正しく意味を伝えることができない
3．制限時間を活用し，説明をスムーズに行うことができる	制限時間をフルに活用し，説明をスムーズに行うことができる	多少つまずくところがあるが，説明を行うことができている	沈黙してしまい，説明を続けて行うことが困難である

Q & A BOX

Q. スピーキングテストは，負担が大きすぎて実施することが簡単ではありません。どのような工夫ができますか。

A. スピーキングテストは，生徒の人数が多い場合，テストの実施や採点に時間がかかりすぎてしまうことがあります。そこで，スピーキングテストの評価規準や基準をできるだけシンプルなものにするとよいでしょう。例えば，表2のように，3段階のシンプルな基準で評価すれば，生徒が話しているその場で採点できます。また，複数の採点者がいるときには，同じ採点ができるように前もって評価の規準を共有します。表2のような採点表を人数分印刷しておき，テストを実施する際に表に丸をつければ採点できるようにしておくとよいでしょう。

(2) ライティングテストの場合

では次に，文法に焦点化されていないライティングテストにおいて，生徒が書いた英文をどのように評価できるかについて考えてみます。

次の具体例をもとに，評価を考えてみましょう。

Example 17

アメリカ人の友達が，アメリカから福井に遊びにきます。福井はどのような所か尋ねる手紙が届いたため，返事を書くことにしました。
〈福井の魅力について〉

☐の中に，5つの英語の文で表し，返事の手紙文を完成しなさい。

February 12, 2015

Dear Lisa,

　How are you? Thank you very much for your letter. You have asked about Fukui. So I'm going to write about Fukui.

[　　　　　　　　　　　　　　　　　　　　]

What do you think? Please write to me soon. Good-bye.

　　　　　　　　　　　　　　　　　　Your friend, ...

このテストは，外国に住むホストファミリーからの手紙に，福井の魅力について英語で書いて返事を出すというものです。一般的に，このようなテストにおいて，生徒の書いたものに対する評価規準は，次の3つのものが考えられます。

1) 内容　　　　（福井の魅力を伝えることができる）
2) 正確さ　　　（正しい表現を使って説明できる）
3) 書かれた量　（指示された適切な分量で説明できる）

表3．評価規準（基準）

	A　Excellent	B　Average	C　Poor
1. 福井の魅力について具体的に説明することができる	福井の魅力について，理由なども含めて具体的に説明することができる	福井の魅力についてある程度説明ができている	福井の魅力について具体的に説明できていない
2. 正しい表現を使って説明することができる	語彙や文法について正しい表現を使って説明することができる	だいたい意味が伝わる程度で，語彙や文法を用いて説明することができる	語彙や文法が不完全で，正しく意味を伝えることができない
3. 指示された適切な分量で説明を行うことができる	5文以上で説明する文を書くことができる	4文か3文で説明する文を書くことができる	2文か1文で説明する文を書くことができる

　評価規準1では，福井の魅力について一貫して説明できているかどうかを談話的な視点でみて評価します。評価規準2では，正しい表現を使って説明できているかどうかを評価します。文法的な視点で，表現力をみることになります。評価規準3に，指示された適切な分量で説明ができたかどうかを評価することができます。限られた時間の中でどれだけ表現できたかをみるため，方略的な視点で表現力を評価することになります。

〈英語教育コラム⑦〉
転移適切性処理と文法指導

転移適切性処理とは

　転移適切性処理（transfer appropriate processing）とは，認知心理学における記憶処理に関する原理の1つである。ある単語のリストを学習するときの処理方法が，再生テスト時における処理方法に近いものであればあるほど，学習結果が再生テストの結果に転移し，単語リストにおける記憶の想起がよくなるという考え方である。

　この考え方を支持する実験に，モリスら（Morris et al., 1977）による次のような実験がある。モリスらは，提示する単語（例えば，cat, book, neck…）に対し，音韻処理（"hat"と韻を踏みますか？）あるいは意味処理（しっぽがありますか？）のいずれかを求めるグループに被験者を分けて単語リストを記憶させた。その翌日に，次の異なる2つのテストを実施した。1つ目のテストは標準的な再認テストであり，提示された単語が前日の単語リストにあったかどうかを判断させた。2つ目のテストでは，提示された単語と同じ韻を踏む単語が前日のリストにあったかどうかを判断させた。

　その結果，1つ目のテストでは意味処理を行った被験者の方が音韻処理を行った被験者よりも成績がよかった。この結果は，意味処理の方が音韻処理よりも処理レベルが深く，記憶を促進するとする処理水準モデル（Craik & Tulving, 1975）から予想することができた。しかし，2つ目の音韻の再認を求めるテストでは逆の結果が得られた。音韻による再認を求めたテストでは，音韻処理を行った被験者の方が意味処理を行った被験者よりもよい成績であることがわかった。この結果より，どのような処理が記憶にとって有効であるかは，テスト時の処理の種類によることが明らかになった。つまり，単語リストを学習する時の状況が，その記憶を想起するときの状況に一致していればしているほど，記憶の想起が最も効率よく行われるということである。逆に，学習した時点での状況が，記憶を想起するときの状況に一致していない場合，記憶の想起がよくないということになる。

　同じようなことは，学習時に記憶した語の手がかりとなった連想語が，テス

ト時に同じように与えられるかどうかで、テストの成績が影響されるとする符号化特定性の原理（encoding specificity principle）や、学習時とテスト時の文脈が同じかどうかでテストの結果が影響するとした再認の文脈効果（context effect），そして，学習時とテスト時の気分の一致の度合が、テストの成績に影響するとした気分依存効果（mood-dependency effect）として知られている（森ほか，1995）。つまり，学習時の学習者の内的状態や処理方法が，記憶の想起時の検索の手がかりとして大きな影響を与えるということである。

文法指導への示唆とは

これらは単語レベルでの記憶に関する知見であるが、このことを文法指導に応用させて考えた場合、極めて重要な視点を提示してくれる。文法学習の時点の内容や状況が，将来その文法をコミュニケーションの中で使う時の内容や状況に一致していればいるほど，その文法の想起は効率よく行われるのではないかということを意味している。言い換えると，ある文法を学習する時点の内容や状況を，将来のコミュニケーションでその文法を使用する時点の内容や状況を踏まえて指導すると，その文法がうまく想起される可能性があることになる。文法の学習において，センテンスレベルの穴埋め問題や整序問題だけでは，当然のことながら，豊かな文脈の中で瞬時の処理が求められる実際のコミュニケーションでは太刀打ちできないことを意味する。コミュニケーションを支える文法の指導を考える際，生徒が将来もっとも頻繁に遭遇するであろう言語使用の場面を想定した上で，文法の導入，説明や練習，そして活動をデザインしていくことが，コミュニケーションに使える文法を育成するもっとも効率のよい文法指導になるということになる。

◆参考文献

Craik, F. I. M. & Tulving, E. (1975). Depth of processing and retention of words in episodic memory. *Journal of Experimental Psychology: General, 104*, 268-294.

Morris, C. D., Bransford, J. D., & Franks, J. J. (1977) Levels of processing versus transfer appropriate processing. *Journal of Verbal Learning and Verbal Behavior, 16*, 519-533.

森敏昭・井上毅・松井孝雄．(1995)『グラフィック認知心理学』東京: サイエンス社

参考文献

安藤貞雄（2005）『現代英文法講義』東京: 開拓社
Batstone, R. (1994). *Grammar*. Oxford: Oxford University Press.
Biber, D., Johansson, S., Leech, G., Conrad, S., & Finegan, E. (1999). *Longman Grammar of Spoken and Written English*. Harlow, Essex: Pearson.
Bland, S. K. (1996). *Intermediate Grammar: From Form to Meaning and Use*. Oxford: Oxford University Press.
Canale, M. (1983). From communicative competence to communicative language pedagogy. In J. C. Richards & R. W. Schmidt. (Eds.), *Language and Communication* (pp. 2-27). London: Longman.
Celce-Murcia, M. & Larsen-Freeman, D. (1999). *The Grammar Book: An ESL/EFL Teacher's Course* (2nd ed.). Boston: Heinle & Heinle.
Coe, N. (2009). *Oxford Living Grammar Intermediate*. Oxford: Oxford University Press.
Dekeyser, R. (1998). Beyond focus on form: Cognitive perspectives on learning and practicing second language grammar. In C. Doughty and J. Williams. (Eds.), *Focus on Form in Classroom Second Language Acquisition*. Cambridge: Cambridge University Press.
ELEC同友会英語教育学会実践研究部会（編）（2008）『中学校・高校英語段階のスピーキング活動42』東京: 三省堂
Ellis, R. (1998). Teaching and research: Options in grammar teaching. *TESOL Quarterly, 32 (1)*, 39-60.
Ellis, R. (2003). *Task-based Language Learning and Teaching*. Oxford: Oxford University Press.
Ellis, R. (2010). Does explicit grammar instruction work? *NINJAL Project Review, 2.* 3-22.
Ellis, R. (2013). *Language Teaching Research & Language Pedagogy*. Hoboken, NJ: Wiley-Blackwell.
Ellis, R. & Shintani, N. (2014). *Exploring Language Pedagogy through Second Language Acquisition Research*. London: Routledge.
Foley, M. & Hall, D. (2012). *MyGrammarLab Intermediate*. Harlow, Essex: Pearson.
Foley, M. & Hall, D. (2012). *MyGrammarLab Advanced*. Harlow, Essex: Pearson.
語学教育研究所（編著）（1988）『英語指導技術再検討』東京: 大修館書店
萩野俊哉（2008）『英文法指導Q&A』東京: 大修館書店
萩原一郎（2006）「英文法準教科書・参考書をよりよいものにするために（2）—例

文を工夫する—」『Chart Network』51 号, pp. 4-7. 数研出版
Halliday, M. A. K.(1985). *An Introduction to Functional Grammar*. London: Edward Arnold.
Harmer, J.(1987). *Teaching and Learning Grammar*. Essex: Longman.［堀口俊一（監訳）1996.『英文法の教え方・学び方』東京: 桐原書店］
Harrison, M.(2009). *Oxford Living Grammar Pre-Intermediate*. Oxford: Oxford University Press.
畠山雄二（編）(2012)『くらべてわかる英文法』東京: くろしお出版
Hughes, A.(2003). *Testing for Language Teachers*(2nd ed.). Cambridge: Cambridge University Press.［静哲人（訳）(2003)『英語のテストはこう作る』東京: 研究社］
和泉伸一(2009)『フォーカス・オン・フォームを取り入れた新しい英語教育』東京: 大修館書店
金谷憲（編著）(1995)『学習文法論』東京: 河源社
向後千春(2012)『いちばんやさしい教える技術』東京: 永岡書店
Larsen-Freeman, D.(2003). *Teaching Language: From Grammar to Grammaring*. Boston, MA: Thomson/Heinle.
松村昌紀(2012)『タスクを活用した英語授業のデザイン』東京: 大修館書店
三浦省吾ほか(1989)「英語教育モノグラフ 9: 英語の文法指導」『英語教育』9 月増刊号, 65-80.
Murphy, R.(2012). *English Grammar in Use*(4th ed.). Cambridge: Cambridge University Press.
根岸雅史・東京都中学校英語教育研究会（編著）(2007)『コミュニカティブ・テスティングへの挑戦』東京: 三省堂
Nunan, D.(1999). *Second Language Teaching and Learning*. Boston: Heinle & Heinle.
大鐘雅勝（編著）(2000)『イラスト版: 英文法が楽しくわかるプリント中 3 編』東京: 明治図書
大西泰斗(2006)『ハートで感じる英文法』東京: 日本放送出版協会
大西泰斗(2006)『ハートで感じる英文法会話編』東京: 日本放送出版協会
大西泰斗（監修）(2009)『大西泰斗のイメージ英文法』東京: DHC
大西泰斗（監修）(2010)『大西泰斗のイメージ英文法応用編』東京: DHC
大津由紀雄（編著）(2012)『学習英文法を見直したい』東京: 研究社
大関浩美(2010)『日本語を教えるための第二言語習得論入門』東京: くろしお出版
Paterson, K.(2009). *Oxford Living Grammar Elementary*. Oxford: Oxford University Press.
Paterson, K.(2009). *Oxford Living Grammar Upper-Intermediate*. Oxford: Oxford University Press.

Paulston, C. B. (1976). *Teaching English as a Second Language: Techniques and Procedures.* Cambridge: Winthrop.
Prabhu, N. S. (1987). *Second Language Pedagogy.* Oxford: Oxford University Press.
Purpura, J. E. (2004). *Assessing Grammar.* Cambridge: Cambridge University Press.
重松靖（2010）「コミュニカティブな文法のテスティング」『Teaching English Now』第17巻, 10-11
白畑知彦・若林茂則・村野井仁（2010）『詳説 第二言語習得研究：理論から研究法まで』東京: 研究社
鈴木希明（編著）（2008）『高校総合英語 Harvest 3rd Edition』東京: 桐原書店
髙島英幸（編著）（2000）『実践的コミュニケーション能力のための英語のタスク活動と文法指導』東京: 大修館書店
髙島英幸（編著）（2005）『文法項目別英語のタスク活動とタスク：34の実践と評価』東京: 大修館書店
瀧沢広人（1993）『英語授業面白ゲーム集』東京: 明治図書
瀧沢広人（1994）『続・英語授業面白ゲーム集』東京: 明治図書
瀧沢広人（編著）（2006）『中学英文法定着テスト＆発展・補充ミニ教材集中学1年編』東京: 明治図書
瀧沢広人（編著）（2006）『中学英文法定着テスト＆発展・補充ミニ教材集中学2年編』東京: 明治図書
瀧沢広人（編著）（2006）『中学英文法定着テスト＆発展・補充ミニ教材集中学3年編』東京: 明治図書
瀧沢広人（2008）『生徒が熱中する英語ゲーム33の技』東京: 明治図書
田中武夫・田中知聡（2003）『「自己表現活動」を取り入れた英語授業』東京: 大修館書店
田中武夫・田中知聡（2009）『英語教師のための発問テクニック：英語授業を活性化するリーディング指導』東京: 大修館書店
田中茂範（2008）『文法がわかれば英語はわかる』東京: 日本放送出版協会
田中茂範（2013）『表現英文法』東京: コスモピア
Thornbury, S. (1999). *How to Teach Grammar.* Harlow, Essex: Pearson.
Willis D. & Willis, J. (2007). *Doing Task-based Teaching.* Oxford: Oxford University Press.
山田暢彦（監修）（2009）『中1英語をひとつひとつわかりやすく』東京: 学習研究社
山田暢彦（監修）（2009）『中2英語をひとつひとつわかりやすく』東京: 学習研究社
山田暢彦（監修）（2010）『中3英語をひとつひとつわかりやすく』東京: 学習研究

社
柳井智彦（編著）(2000)『イラスト版：英文法が楽しくわかるプリント中1編』東京: 明治図書
柳井智彦（編著）(2000)『イラスト版：英文法が楽しくわかるプリント中2編』東京: 明治図書
柳井智彦（編）(2003)『中1英語の絶対評価：テスト例と苦手な子への指導ポイント』東京: 明治図書
柳井智彦（編）(2003)『中3英語の絶対評価：テスト例と苦手な子への指導ポイント』東京: 明治図書
柳井智彦（編）(2003)『中2英語の絶対評価：テスト例と苦手な子への指導ポイント』東京: 明治図書
横山吉樹・大塚謙二(2013)『英語教師のためのフォーカス・オン・フォーム入門』東京: 明治図書
米山朝二ほか(1992)『すぐに使える英語の言語活動』東京: 大修館書店

引用英語教科書（高等学校用）

岡田圭子ほか(2014) *Compass English Communication I* 東京: 大修館書店
村野井仁ほか(2014) *Genius English Communication I* 東京: 大修館書店

◆執筆者紹介

田中武夫（たなか・たけお）
福井県出身。兵庫教育大学大学院連合学校教育学研究科、博士号取得（学校教育学）。現在、山梨大学大学院総合研究部教育学域教授。主な著書に、『「自己表現活動」を取り入れた英語授業』（共著、大修館書店）、『英語教師のための発問テクニック：英語授業を活性化するリーディング指導』（共著、大修館書店）、『推論発問を取り入れた英語リーディング指導：深い読みを促す英語授業』（編著、三省堂）などがある。

田中知聡（たなか・ちさと）
兵庫県出身。兵庫教育大学大学院学校教育研究科修了、修士号取得（教育学）。現在、山梨県立甲府城西高等学校教諭。主な著書に、『「自己表現活動」を取り入れた英語授業』（共著、大修館書店）、『英語教師のための発問テクニック：英語授業を活性化するリーディング指導』（共著、大修館書店）がある。

英語教師のための文法指導デザイン

© Takeo Tanaka & Chisato Tanaka, 2014　　NDC 375/x, 253p/21cm

初版第1刷	2014年7月1日
第2刷	2016年9月1日

著　者	田中武夫・田中知聡
発行者	鈴木一行
発行所	株式会社 大修館書店
	〒113-8541　東京都文京区湯島2-1-1
	電話　03-3868-2651 販売部／03-3868-2294 編集部
	振替　00190-7-40504
	［出版情報］http://www.taishukan.co.jp

装丁者	杉原瑞枝
印刷所	壮光舎印刷
製本所	三水舎

ISBN978-4-469-24588-2　　　　　　　　　　　Printed in Japan

Ⓡ本書のコピー、スキャン、デジタル化等の無断複製は著作権法上での例外を除き禁じられています。本書を代行業者等の第三者に依頼してスキャンやデジタル化することは、たとえ個人や家庭内での利用であっても著作権法上認められておりません。